尼布爾

世界哲學家叢書

卓新平著

1992

東大圖書公司印行

國立中央圖書館出版品預行編目資料

尼布爾/卓新平著.--初版.--臺北市
：東大出版：三民總經銷,民81
　　面；　　公分.--（世界哲學
家叢書）
參考書目：　面
含索引
ISBN 957-19-1419-6 (精裝)
ISBN 957-19-1420-7 (平裝)

1.尼布爾(Niebuhr, Reinhold,
　1892-1971) -學識-哲學

145.59　　　　　　　　81003851

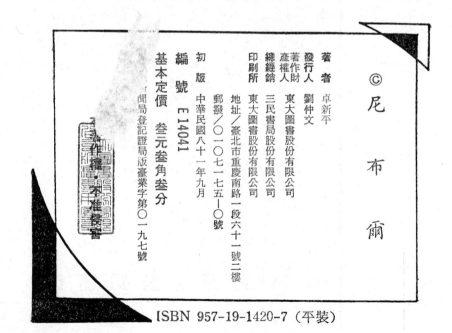

© 尼　布　爾

著　　者　卓新平
發 行 人　劉仲文
著作財
產權人　東大圖書股份有限公司
總經銷　三民書局股份有限公司
印刷所　東大圖書股份有限公司
　　　　地址／臺北市重慶南路一段六十一號二樓
　　　　郵撥／〇一〇七一七五一〇號
初　　版　中華民國八十一年九月
編　　號　E 14041
基本定價　叁元叁角叁分
行政院新聞局登記證局版臺業字第〇一九七號

ISBN 957-19-1420-7 (平裝)

「世界哲學家叢書」總序

　　本叢書的出版計畫原先出於三民書局董事長劉振強先生多年來的構想，曾先向政通提出，並希望我們兩人共同負責主編工作。一九八四年二月底，偉勳應邀訪問香港中文大學哲學系，三月中旬順道來臺，即與政通拜訪劉先生，在三民書局二樓辦公室商談有關叢書出版的初步計畫。我們十分贊同劉先生的構想，認為此套叢書（預計百冊以上）如能順利完成，當是學術文化出版事業的一大創舉與突破，也就當場答應劉先生的誠懇邀請，共同擔任叢書主編。兩人私下也為叢書的計畫討論多次，擬定了「撰稿細則」，以求各書可循的統一規格，尤其在內容上特別要求各書必須包括(1)原哲學思想家的生平；(2)時代背景與社會環境；(3)思想傳承與改造；(4)思想特徵及其獨創性；(5)歷史地位；(6)對後世的影響（包括歷代對他的評價），以及(7)思想的現代意義。

　　作為叢書主編，我們都了解到，以目前極有限的財源、人力與時間，要去完成多達三、四百冊的大規模而齊全的叢書，根本是不可能的事。光就人力一點來說，少數教授學者由於個人的某些困難（如筆債太多之類），不克參加；因此我們曾對較有餘力的簽約作者，暗示過繼續邀請他們多撰一兩本書的可能性。遺憾的是，此刻在政治上整個中國仍然處於「一分為二」的艱苦狀

態，加上馬列教條的種種限制，我們不可能邀請大陸學者參與撰寫工作。不過到目前為止，我們已經獲得八十位以上海內外的學者精英全力支持，包括臺灣、香港、新加坡、澳洲、美國、西德與加拿大七個地區；難得的是，更包括了日本與大韓民國好多位名流學者加入叢書作者的陣容，增加不少叢書的國際光彩。韓國的國際退溪學會也在定期月刊《退溪學界消息》鄭重推薦叢書兩次，我們藉此機會表示謝意。

　　原則上，本叢書應該包括古今中外所有著名的哲學思想家，但是除了財源問題之外也有人才不足的實際困難。就西方哲學來說，一大半作者的專長與興趣都集中在現代哲學部門，反映著我們在近代哲學的專門人才不太充足。再就東方哲學而言，印度哲學部門很難找到適當的專家與作者；至於貫穿整個亞洲思想文化的佛教部門，在中、韓兩國的佛教思想家方面雖有十位左右的作者參加，日本佛教與印度佛教方面卻仍近乎空白。人才與作者最多的是在儒家思想家這個部門，包括中、韓、日三國的儒學發展在內，最能令人滿意。總之，我們尋找叢書作者所遭遇到的這些困難，對於我們有一學術研究的重要啟示（或不如說是警號）：我們在印度思想、日本佛教以及西方哲學方面至今仍無高度的研究成果，我們必須早日設法彌補這些方面的人才缺失，以便提高我們的學術水平。相比之下，鄰邦日本一百多年來已造就了東西方哲學幾乎每一部門的專家學者，足資借鏡，有待我們迎頭趕上。

　　以儒、道、佛三家為主的中國哲學，可以說是傳統中國思想與文化的本有根基，有待我們經過一番批判的繼承與創造的發展，重新提高它在世界哲學應有的地位。為了解決此一時代課

題，我們實有必要重新比較中國哲學與（包括西方與日、韓、印等東方國家在內的）外國哲學的優劣長短，從中設法開闢一條合乎未來中國所需求的哲學理路。我們衷心盼望，本叢書將有助於讀者對此時代課題的深切關注與反思，且有助於中外哲學之間更進一步的交流與會通。

最後，我們應該強調，中國目前雖仍處於「一分爲二」的政治局面，但是海峽兩岸的每一知識份子都應具有「文化中國」的共識共認，爲了祖國傳統思想與文化的繼往開來承擔一份責任，這也是我們主編「世界哲學家叢書」的一大旨趣。

傅偉勳　韋政通

一九八六年五月四日

自　序

　　在當代基督教哲學和西方宗教哲學發展中，美國宗教思想家萊因霍爾德·尼布爾具有較高的知名度和一定的影響力。本世紀二次世界大戰前後，經歷了各種危機和戰亂的人們，對人之理性思辨的相對性及有限性有了更深刻和更清醒的認識，於是，運用理性且超乎理性的宗教思辨在西方重新開始活躍，從而促成了西方宗教哲學的復興與發展，基督教思想界也再次出現羣星燦爛的局面。就在西方樂觀思潮急遽衰退和危機意識迅速蔓延之際，尼布爾審時度勢，以其獨有的敏銳和深沉，指出了人世歷史發展的詩謬與困境、希望及可能，因而撥動了人們的心弦，把握住時代的脈搏，奠定了自己在人生哲理探究中的重要地位，並成為二十世紀基督教新教神學的繼往開來者。

　　尼布爾思想的新穎之處，就在於他不隨潮流、不落俗套，善於在現代社會的悲觀與樂觀思潮、絕望與奢望情緒之間掌握好分寸，避免走極端，因而能道出自己不同凡響的心得和見解，用以指點人生、告誡社會。基於對西方思想傳統和基督教信仰的深刻反思與體認，他形成了自己正視現實人生罪惡並努力從歷史中求超越的思想及信仰特色，而且在錯綜複雜的世界政治風雲中亦表現出其原則性與靈活性有機結合的求實精神，以及在權衡利弊之後當機立斷的果敢風度。

2 尼 布 爾

在同源於基督新教傳統的巴特、蒂里希和尼布爾這三位當代思想大家之中，以尼布爾的現實主義理論構成了對當代西方社會政治、倫理等領域最強大的感染力。巴特的思想具有催人警醒、喚起正氣的作用，但他對社會危機的悲觀認識，卻使他在理論上和實踐上都無法對解決人生問題和駕馭政治風雲真正有所作為。蒂里希以其哲理神學和文化哲學，在消除信仰關切與理性探詢之間的分裂上找到了一種充滿希望之途，但其思辨體系的系統化和美學化也使之遠遠高出現實的具體需求和生存技巧，其結果主要是給人帶來靜性冥思時的詩意與美感、超然與純化。而尼布爾的理論儘管會給人某種詭譎或揶揄之感，卻往往都恰到好處、極為貼切地涉及到人們在現實人生中無法迴避且急求解答的各種問題。

對於人生，尼布爾有著先知般的洞見和冷靜、清醒的認識，但他從不作遁世的空想，也不求任運的浪漫。其思想體系在人生哲學、歷史哲學和政治哲學這三大領域的展開，乃說明他堅持人之哲學精神不僅在於愛智慧，而且也要用智慧。而其在現實矛盾中的苦苦掙扎和竭誠求索，亦證實他不是在空談，而是在實踐其基督教信仰理想中的拯救精神。這種身體力行並沒有使尼布爾脫離有限之人的立場、視野和氛圍，卻讓人感到某種確實和可信，比純思辨的編織與構設有著更大的說服力及可行性。正因為如此，才使尼布爾的思想精神保持住其對現代人靈性思索的感染力和影響力。同樣，其對西方宗教拯救精神的這種「物化」嘗試，也使之與東方儒家「有為」精神和道家「逍遙」精神形成鮮明的對照，它們之間的比較必定會深化各自在現實人生中的反思與反省。

　　由於東、西文化心態及社會氛圍的差異，尼布爾在中國影響
不大。其部分著作雖曾一度被譯成中文，但對其研究、評述仍微
乎其微，且並不爲人注目。在今日世界文化比較、文化轉型的時
代大潮中，這一遺憾似應加以彌補。讀讀尼布爾的「罪感」認識
及其處世態度，對習慣於「樂感」文化或逍遙自救的國人無疑會
大有裨益和啟迪。若能藉其冷靜與深邃而丟掉幻想，或許可使人
生更爲充實、更加成熟、更有意義。不過，東方人對尼布爾的探
究僅屬開創階段，亦不免會從其東方框架和視野出發。因此，研
究者應儘量注意並認識到對其褒貶臧否之中會無意帶有某種東方
烙印或先入之見。

　　筆者自一九八〇年在準備碩士研究生畢業論文時開始接觸尼
布爾的著述及思想，並曾選定其宗教哲學爲自己的論文題目。應
該承認，尼布爾的著作晦澀難讀，其思想亦不易把握歸總，尤
其與東方思維風格迴異。筆者在著手研究他時大有硬著頭皮啃酸
果之感，只是隨著對其認識的不斷加深，才逐漸覺得有所開竅，
並開始爲其深邃的洞見所吸引。但由於這些年來忙於其他研究項
目，自己一直無暇對之再做更深入、更系統的探究。此次承蒙傅
偉勳教授熱情相邀和友好推薦，筆者得以重返這一研究題目，並
進而完成了本書的撰寫，使自己終能對今年尼布爾百年誕辰紀念
有所表示。在此，謹向叢書主編傅偉勳教授和韋政通教授致以最
誠摯的謝意！

卓　新　平

一九九二年七月

尼 布 爾 目次

第一章　生平及著述

一、家庭薰陶與神學師承

萊因霍爾德・尼布爾 (Reinhold Niebuhr)，1892年6月21日生於美國密蘇里州芮特城。其父古斯塔夫・尼布爾 (Gustave Niebuhr) 爲北美福音教會的牧師，其母名莉迪亞・霍斯托・尼布爾 (Lydia Hosto Niebuhr)。他們原籍德國，屬於德國路德宗改革教會。在當時歐洲流行的理性自由主義思潮影響下，這些新教徒相信上帝之國會以一種民主的方式在人間得以最終實現，認爲上帝的創造性恩典會與世人富有意義的努力相結合，從而達到人之潛能的建設性展開和最充分的發揮。然而，1848年歐洲革命之後德國和整個歐洲的相反發展，卻使其大失所望。因對歐洲這一「舊世界」中出現國家帝國主義和政治保守主義勢力感到不滿和表示反對，尼布爾的父母於1876年從德國利佩——德特莫耳特移居美國伊利諾斯州。他們和許多德國移民一樣希望能在北美這塊「新大陸」上使其在歐洲「舊世界」中受到挫折的理想再獲成功。這些德國移民所屬的路德宗改革教會於1934年併入福音改革教會，後來便成爲基督教聯合教會的一部分。

正是這種家庭氛圍及其歷史背景，爲尼布爾與其弟理查德・尼布爾 (Helmut Richard Niebuhr, 1894-1962) 後來相繼成爲美國著名宗教思想家創造了有利條件、奠立了一定基礎。其家庭淵源和思想師承上具有的德國哲學之思辨精神，培養了他們在對

世界和人生認識上的深邃、犀利；而作爲其生活、成長之文化溫床的美國社會及其現實精神，又促成了他們在洞察和處理社會政治問題時的敏銳、果斷。這兩種文化精神的交織薰陶，使他們成爲深刻且老練的社會理論家和政治思想家。對尼布爾的童年生活及其思想信仰最早產生影響的是其父親，這位新教牧師繼承了其路德教會的傳統，而且深受德國新教自由主義神學家哈納克（A. von Harnack, 1851-1930）思想的感染和啓發。他給子女介紹哈納克的理論，倡導生動內在的個人虔誠與神學研究中的完全自由有機結合，但對哈納克那充滿樂觀情調的自由主義確信卻持有一定的保留態度。父親的面命耳提，自然使尼布爾受到濡染滋潤，從小就接觸到歐洲新教自由派神學的眞諦與精髓，而哈納克遂成了尼布爾思想歷程上的啓蒙導師。

少年時期，尼布爾在屬於本教會的伊利諾斯州埃耳姆赫斯特學院受中等教育和大學預科教育，在校期間曾參加演劇活動，並組織編輯學生雜誌。1910年，他從該校畢業後進入密蘇里州聖路易斯的伊登神學院，師從普雷斯（S. D. Press）博士研習聖經神學和系統神學，對其「孩童般的純潔與嚴格的學者風度」留下了深刻的印象。

1913年，尼布爾轉入耶魯大學神學院，於1914年完成神學學士學位，翌年又獲文學碩士學位。其間，神學院的波特爾（Porter）和麥金托什（D. C. Macintosh, 1877-1948）兩位教師曾對尼布爾的思想發展過程產生巨大影響。波特爾教授當時講授新約神學，尼布爾曾回憶說：「他對新約神學清晰、全面的講解給人以深刻印象，在他課堂上我所記的筆記是我仍然保留的唯一

學校筆記❶。」麥金托什則是系統神學家，爲美國新教自由派神學代表之一，尤以其宗教認識論研究而聞名遐邇。尼布爾曾爲他開設的哲學神學講座和他「百科全書般的知識」所激動，說他爲自己「打開了哲學與神學知識的整個世界❷。」麥金托什試圖把美國哲學實在論的新觀點與基督教神學連在一起，強調基督教神學必須以一種完整的哲學爲基礎。他在《神學作爲一種經驗科學》一書中，把人的經驗而不是《聖經》或教會教義作爲宗教眞理的標準，認爲神學可分爲保守和激進兩種主要方法論：保守論依賴於外在的權威，激進論則首先對宗教和神學之確定性感興趣、而拒絕以對任何教義內容馴順接受的態度來開始研究神學。麥金托什的經驗主義神學以人的宗教經驗爲開端，這種經驗卽對上帝的認識。他認爲這一基於實在的認識論能够克服自施萊爾馬赫（F. Schleiermacher, 1768-1834）和費爾巴哈（L. A. Feuerbach, 1804-1872）以來禍及現代神學的主觀主義，而同時又不致於墮入巴特（K. Barth, 1886-1968）或布龍納（E. Brunner, 1889-1966）那種過於武斷的客觀主義，它是「一種批判的一元論的實在論」。在他看來，科學的神學基於「觀念的」直觀而非「想像的」直觀，卽不能脫離人的經驗感受。神學的最終標準應該是上帝而不是基督，也就是說，人們對上帝的認識乃根本科學和具有普遍意義的，因而不能僅僅拘束於某一特別歷史啟示之偶然事件。

　　從哈納克與麥金托什等自由派神學思想中，尼布爾繼承了對

❶　參見 Charles W. Kegley and Robert W. Bretall (eds.): *Reinhold Niebuhr: His Religious, Social and Political Thought*. New York: Macmillan, 1961, p. 4.

❷　同上。

於理性意義的重視，採納了其對人之本性的積極評價，接受了寬容不同立場觀點的開放原則。他把「理性正義的擴大和鼓勵對生活的寬容態度」視爲「自由主義的本質」，認爲理性在發現個人價值上起過一定作用，它對於在人類關係中取得寬容與正義之成就也是必要的。而且，他覺得理性本身就傾向著在人類社會中建立一種較爲穩定的權力平衡，以達到「社會平等公正」之合理目的。受唯理神學之影響，尼布爾主張發掘《聖經》對於現代社會的眞實意義，不同意對正統教義僅作照本宣科的字面解釋，並強調宗教信仰及認識應與現實社會文化聯繫起來。總之，「基督教自由派因而對尼布爾來說乃近代基督教的這一階段：它從啟蒙運動接受了一種有 關人之 善性及其道德改進之潛在性的觀念； 此外， 它還根據理性方法和一種包含個人主義 、 寬容態度及社會自由與正義秩序之進步成就這些內容的價值體系來重新解釋福音❸」。新教自由派神學對人之理性能力的自我陶醉和相信人與社會不斷完善發展的樂觀態度，曾使學生時代的尼布爾形成一種理想主義的社會人生觀念；而其對經驗觀察的推崇強調，也培養了尼布爾注重社會政治經驗的興趣與習慣。這一切都導致尼布爾在接觸現實社會矛盾與危機時造成強烈的思想反差，並爲他在「幻滅」之後對自由主義的反思與批判、繼而奠定自己獨特的現實主義思想精神埋下了重要伏筆。

二、教牧實踐中的幻滅與醒悟

1915年，尼布爾因爲對宗教認識論諸抽象問題開始感到厭倦

---

❸ 同❶， 頁198。

和父親去世後所引起的家庭需要，決定放棄自己的研究生畢業學習，而去所屬的福音教會就任牧師職務。該教會國內佈道會任命他爲美國汽車工業中心底特律城一個新教會——貝瑟爾福音教會的牧師。從1915至1928年，他在底特律住了十三年，這是他第一次也是唯一的一次擔任牧師專職。

在此期間，底特律由一個約五十萬人的小城擴大到一百五十多萬人口的大城，成爲「世界汽車之都」，尼布爾所在教會的會眾也從最初的四十人增加到八百多人。尼布爾對這段經歷曾不無感慨地說：「我在這個城市十三年教牧期間……所發生的事情比我可能讀過的任何書籍都更加決定了我的發展❹。」他主要在汽車工人中從事傳教活動，耳聞目覩了處於美國工業化過程中人們的生活與精神狀況，這在他的思想上引起了巨大震驚，並促成了他對美國社會及傳統教會的批評態度。當時的底特律正處於這種工業化的劇痛之中。在自由放任之政策的鼓動下，底特律的汽車製造商千方百計提高工作效率、降低生產成本，使其汽車工業得到迅猛發展。例如，當時亨利・福特（H. Ford, 1863-1947）汽車公司所生產的著名 T 型汽車的成本價格就從九百五十美元降到了三百六十美元。於是，福特公司採取了一些自稱爲「人道主義」的新政策：把每日最低工資從二美元四角提高到五美元，把工時從九小時縮減到八小時，把每星期工日減少到五天，並僱用五千個十六至二十歲之間的年輕人，聲稱這樣能使他們免於在社會上犯罪，此外還給工人越來越長的假期等等。這些以「每天五美元工資」爲口號的措施使福特公司贏得了一種世界範圍之「慷

---

❹　同❶，頁5。

慨大度」的好名聲，增強了其在世界汽車工業中的競爭力。然而，尼布爾卻在本教區中瞭解到福特公司汽車工人的經濟窘迫之境，知道一個工人和他的家庭不可能靠五美元來維持一天的生活，每週五天的工日更減少了工人的收入，僱用年輕工人是爲取代四十五歲以上的工人，而各種假期使許多工人的年收入大大減少，甚至被根本切斷其經濟來源。因此，尼布爾寫了〈亨利·福特是怎樣慈善？〉和〈福特每週五天工日之縮減〉❺等文章，指出上述政策不是出於人道而是爲了其公司的私利，它實際上顯露出「強者對於弱者命運那種罪惡地無動於衷」。這一經歷使尼布爾深深感到「對權力的渴求和對利潤的貪婪乃是商業生產中的主要特徵」，從此對資本主義生產持揭露和批判態度。

底特律的教牧實踐，曾構成尼布爾思想認識上幻滅、痛苦、摸索、醒悟和革新的全過程。當時歐洲爆發了第一次世界大戰，使他成爲「一個幻滅時代的孩子」。這種歷史突變和時代危機，令他不得不拋棄傳統的自由派樂觀神學。不過，尼布爾承認，「在我的幻滅中，與國際經歷之影響相比較，我更受地方經歷的影響」。「這場當時遙遠的戰爭並沒有比底特律的社會現實更爲嚴重地損害我年輕時的樂觀主義。」「這種現實迫使我重新考慮那種我已將之等同於基督教信仰而接受的自由、高度道德化之信經。」「我在教區任職期間發現，那已消失其古典信仰的簡單化理想主義，對於個人生活的危機和一個工業城市的複雜社會問題，同樣都毫不相干。」「我曾等同於基督教信仰的那種溫和的

---

❺ 參見 *Christian Century*, No. 43 (9. Dec. 1926), pp. 1516-1517; No. 44 (9. Jun. 1927), pp. 713-714.

道德理想主義，與我們現代工業社會之重大現實卻毫無關聯❻。」
這一境遇使尼布爾嘆息自己在神學院所學知識對其教牧工作沒甚
麼作用，並懷疑自己及其教會在當時底特律日新月異、突飛猛進
之工業化過程中會有任何前途。現代社會是如此殘酷無情，而傳
統宗教卻對之漠不關心，他爲此深感痛苦和迷惘，覺得教會似乎
不受現代工業文明之野蠻進程的影響，其興趣是在社會上享有生
活保障之階層中培養宗教虔誠，它所倡導的整個倫理觀念因而好
像是一種「時代錯誤」。尼布爾說：「從整體而言，美國教會正
在徹底地爲中產階級的利益服務。我想，期望它們能對社會的重
建作出任何認眞的貢獻，倒是有點無端的樂觀❼。」如果想使宗
教在工業社會中眞正發揮建設性作用，就必須發展出一種「更爲
英勇的宗教」。爲此，他決心創立這種具有「建設性」的神學思
想，「努力爲社會改革而不是爲個人自身的完善而奮鬥❽」，把
注意力轉向有關社會倫理的問題。

　　由於尼布爾在底特律的傳教經歷與美國「社會福音派」著名
領袖勞興布希（W. Rauschenbusch, 1861-1918）在紐約貧民區
傳教的經歷有類似之處，因此使他在其摸索過程中受到這一思潮
的影響，「在批判個人主義和舊自由派的樂觀主義時追隨了基督
教『社會福音派』的風尚❾」。在這一意義上，尼布爾曾被稱爲
「社會福音派的孩子」。

　　「社會福音」一詞，突出體現了從強調個人主義和以皈依宗

❻ 同❶，頁 5-6
❼ R. Niebuhr: *Leaves from the Notebook of a Tamed Cynic.*
Chicago: Willett, Clark, & Colby, 1929, p. 112.
❽ 同❼，頁73。
❾ 同❶，頁 8。

教爲方向的舊福音派到強調團體主義和關注現實社會問題的新福音派這一重大轉變。社會福音運動是十九世紀後期至二十世紀初期，尤其在美國極爲引人注目的「基督教社會運動」的一個組成部分。西方產業革命的巨大影響導致了基督教社會運動的興起，這一運動不再注重那些關涉個人倫理的瀆神、酗酒、淫亂等問題，而轉向關心整個人類團體，即社會倫理問題，如勞工失業、童工現象、社會不公、貧富不均、城市貧民，以及組織工會和謀求福利等政治活動。「福音」一詞得以保留是因爲這一新教改革運動的支持者仍然相信，耶穌的生平和教誨即「福音」構成了整個宗教信仰的核心。但其立意卻在「社會」一詞，即試圖在「社會領域」內尋找宗教本身最根本的「存在理由」。例如，勞興布希強調，基督教觀念的關鍵就在於其「社會」意義，因此決不能把上帝之國視爲一種純個人的內在經歷或靈性擁有，而應看作地球上人類整個生活的社會救贖。他認爲歷史上的耶穌正是上帝之國這一神聖社會的引路人，並把耶穌視爲一種新型人類生活的化身和新人類的開創者。在他看來，目前人世社會仍體現著罪的力量與作用，但人之罪在本質上不過是自私而已，它可以通過耶穌之愛的倫理而在社會上和個人身上得以克服，這就是「人類的可塑性」。人降生於這個世界時在道德上本來是中性的，因而能把利他主義轉爲其內在因素並付諸實施。人雖已陷入其精神與自然衝突的矛盾之中，仍可從倫理和社會意義上想像他的得救；其社會秩序中存有的頑固罪惡，亦可由愛和兄弟情誼來加以根除。社會福音派解決社會問題的策略與他們的宗教意識形態是相一致的，他們首先對社會問題進行特別小心和縝密準確的科學分析，然後號召以一種宗教虔敬感所激發的行動來解決這些問題。他們對現

存社會秩序提出了尖銳深刻的批評，說成年人積重難返的邪惡與
罪行並非遺傳所致，而是社會化所引起的，正如病毒感染於母腹
中不能自助的胎兒身上那樣，遺留下來的社會邪惡也感染於置身
社會子宮中孤弱無力的個人身上，迫使他從社會母體的總生活中
吸取自己的思想、道德標準和精神理想。他們認為，傳統神學的
錯誤在於把原罪的教義僅用於生物學意義上的個人轉換，而沒考
慮其社會傳統方面的因素。受社會福音派的這種影響，尼布爾在
其教牧實踐中也特別注意社會問題。他與勞工社團密切合作，支
持黑人的非暴力鬥爭，擔任當地種族關係委員會主席，後又參加
並成為和平主義者調解聯誼會的全國領導人。他還尖銳批評一些
教會人士只專心於教友的個人倫理，而放棄了作為「基督教本
質」的真實社會問題。

　　對社會意義的強調，也使尼布爾在底特律的「幻滅」過程中
一度接觸馬克思（K. Marx, 1818-1883）的理論。他認為，馬
克思所描繪的宗教圖景與神學自由派和社會福音派敍說的全然不
同，因為這些神學並不以為宗教是幻想的、未來的、另一個世界
的空中樓閣，而相信在今生今世堅持宗教決非畫餅充饑、空洞虛
幻之舉。但他覺得社會福音派與馬克思主義卻有許多相似之處：
它們都富有批判的理性、都強調倫理價值、都對這個世界專心致
志、對社會活動積極熱情，而且也都相信人的向善性和可加改造
的本質。尼布爾承認，如果整個文化世界不對馬克思主義所發現
的真理給予更為充分的理解，就不可能明智地處理人的社會問
題；這一真理揭示出人類的一切思想觀念都為它們得以產生的物
質、地理、經濟和政治環境所制約，而企圖最終逃脫這種相對性
的宗教努力也不過成為其社會階級、種族和國家的部分與相對價

值的最終合理化或公正化而已。他同意經濟和社會的因素制約著意識形態這一觀點，認爲傳統宗教通過默認或贊同而確實已把各個社會階級、種族和國家的存在狀況神聖化，這樣也就保持和穩定了社會的「現狀」，並使人很難看清每個階級的價值觀念實際上都不同程度地反映了其社會存在及其環境，而不是反映出上帝啟示人世的眞理本原。他說：「各個階級之成員的社會倫理觀，如果不被本階級共有的特殊社會環境所決定的話，也必然被其染上特定的色彩❿。」於是，尼布爾對社會主義運動產生興趣，他與勞工社會主義團體建立聯繫，並曾號召宗教界領袖贊助、支持幾家激進的社會主義雜誌來揭露現代社會的「根本缺陷」和自由派神學的樂觀夢幻。這樣，他被教會內外的許多人稱爲「激進教士」，他自己後來也承認這段經歷乃表現出一個「基督教馬克思主義者」的立場。

然而，在底特律的十三年傳教生涯，使尼布爾目睹了世人對社會邪惡的無可奈何。他深感那種依於人道主義與和平主義空想的社會福音派對社會問題無能爲力，而自己在底特律所進行的社會改造和政治鬥爭同樣「徒勞無益」、絲毫也不能改變現狀，於是對這種比較激進的改造極爲失望。他從其社會實踐中認識到，那些流於形式和追求聲勢、表面上轟轟烈烈、頗爲壯觀卻又往往大起大落、反覆無常的社會運動，實際上並不能根本解決現實問題，它們反映出人之膚淺驕躁的性格和急功近利的慾求，缺乏對人的本性及命運之哲學審視的深意和睿智。這一反思促使他驀然回首，重新在基督教傳統信仰中尋找一個更爲現實的基點。他爲

---

❿ R. Niebuhr: *Moral Man and Immoral Society*. New York: Charles Scribner's Sons, 1960, p. 116.

自己規定了在現代產業社會這種背景下鑽研基督教福音之意義及
其重要性的任務，希望能以靈性之思的遠見卓識來解答現實存在
的宗教和社會問題。鑒於傳統教會已不能有效地從事現代社會的
宣教工作，不能回答教友們面對現實而提出的各種疑問，難以應
付複雜多變的嚴峻局面，他認為目前教會最為迫切的需要或任
務，是冷靜下來重新摸清基督福音在與世界相遇時那些真正發揮
作用的精神力量，深刻瞭解人在世界中的真實地位與作用，於人
世動亂的風雲變幻中洞見上帝的安排和秩序。

　　1927年，尼布爾發表第一部著作《文明是否需要宗教》，著
重論述宗教與社會、福音與世界的關係問題。他認為，「想像人
沒有宗教是困難的，因為宗教在一個似乎非人的世界中正是人性
的提倡者[11]」；但是，現代文明對那種不能向社會不義挑戰的宗
教表示蔑視，不需要那種加劇或無視急迫社會問題的宗教，因此
宗教必須開闢新的領域、增添新的生機，以適應現代文明的需
要。

　　他於1929年發表的《一個馴化的犬儒主義者手記》，就是
他對自己在底特律多年經歷的追述和概括，其中亦反映出這一時
期他對新的宗教理論之沉思與探討。面對人世戰亂和社會邪惡，
尼布爾逐漸形成其既不抱空想又不迴避矛盾的現實主義宗教哲學
觀。

三、教學生涯與社會活動

　　1928年，尼布爾離開底特律應聘到紐約協和神學院任宗教哲

---

[11] R. Niebuhr: *Does civilization need religion?* New York:
Macmillan, 1927, p. 4.

學副教授，從此開始其漫長的教學生涯。自1930年起，他正式任該院「道奇 (William E. Dodge) 講座」應用基督教教授。作爲基督教哲學家，他重點研究人生哲學、歷史哲學和道德哲學，其開設的課程也主要討論基督教的人性觀與歷史觀，以及西方倫理思想的發展和基督教倫理原則的基礎。他以講演的邏輯性強、具有複雜而又引人入勝的理智推斷和深湛的神學造詣而著名，因此曾被邀請在耶魯、哈佛、普林斯頓等大學講課。其間，他還寫有《對基督福音的一種美國式探討》(1931) 和 《宗教對社會工作的貢獻》(1932) 等論著。1931 年，他與紐約巴納德學院宗教教師凱佩爾——康普頓 (Ursula M. Keppel-Compton) 結婚。

作爲新教神學家，尼布爾則以其正視現實人生之罪惡和從歷史中求超越的思想特色而漸露頭角、爲人注目，被譽爲新教「新正統派」神學運動在美國的代表和美國「基督教現實主義」神學流派的奠基人。1932年，他的重要著作《講求道德的人與無道德的社會》在紐約出版發行，這標誌著其基督教現實主義神學思想的正式形成。全書以十章的篇幅探討了人之集體存在和共同生活中的社會倫理與政治倫理問題，尼布爾開宗明義，指出人類在解決其集體存在之問題上只取得了極爲相對且微不足道的進展，

> 每一世紀都產生出新的複雜事物，每一代新人也面臨著新的煩惱。從所經歷的所有世紀來看，人們還沒有學會怎樣共同生活，而不將其罪惡相混合、不用「污泥與鮮血」來相互濺灑。每個人所生活的社會，同時就是每人尋求到的全部人生之基礎和報應。無論人類的獨創性能夠增加多少大自然爲滿足人類之需而準備的財富，也絕對達不到完全

滿足人類的一切要求；因為人不同於其它造物，其鬼使神
差的想像力能使人的慾望超越其生存的需要。人類社會永
遠也逃避不了如何公平分配為保存和完善人之生命而準備
的物質及文化產品的問題。⑫

　　他特別強調各民族、各階級所固有的利己主義、驕傲和虛
僞，並把這些看作人類因其有限性而產生不安全感、因憂慮重重
而過分防禦的必然結果。在這裏，尼布爾找出了基督教傳統所講
的人之「原罪」。他認為，人類生活中罪惡的根深蒂固，表現在
那種趨於罪惡的傾向，尤其是以使人墮落毀滅的驕傲形式出現於
人類取得成就的每一階段；而當人以宗教或政治的形式自稱完
美、自以為是時，就更顯露出這種「罪惡」。尼布爾的這部著作
震驚了美國教會，並在美國社會上引起巨大回響和廣泛爭論。這
樣，當宗教與神學在第一次世界大戰後正普遍遭到冷淡和白眼之
際，尼布爾「使神學再次成為適合於富有思想性之美國人的談話
題材⑬」。

　　《講求道德的人與無道德的社會》一書的發表，揭示出尼布
爾思想上的兩大發展或轉變，一是他對自由派、社會福音派的批
判和揚棄，對其理想主義、樂觀主義和個人主義原則及前提的否
定和反對；二是他與馬克思主義理論及其社會主義、共產主義學
說的分道揚鑣。尼布爾對基督教自由派批判的重點，在於他認為
這種思潮已過時、不現實和太虛幻，「『社會福音』充滿了一種

⑫　同⑩，頁1。
⑬　參見 Leonhard Reinisch (ed.): *Theologians of Our Time.*
　　Indiana: The University of Notre Dame Press, 1964, pp.
　　81-82.

『自由』時代的理想和幻覺，而那種時代已經不能應付這些令人畏懼的現實及可能性⓮」。社會福音思想只是給民主理想主義提供了一種宗教的神聖性，而現實世界卻不是那樣美滿，並不富有理想主義的浪漫情調和詩情畫意。在他看來，社會福音派缺乏一種「相對感」，它把絕對引入到相對的領域之中，從而很難與現實世界相脗合。他指出，那種認爲理智、教育能够消滅無知，文明會逐漸步入道德化境，個人稟性可以保證社會公義，人的善良意志能够克服邪惡與自私、並且帶來人間幸福等觀點，都是幼稚、荒唐的空想。自由主義的失敗，就在於它無視「人類行動和願望之間長期存有的差別，生命之間發生衝突的長久根源，人類存在不可避免的悲劇，人類活動難以扭轉的非理性傾向，以及人類歷史曲折複雜的特徵⓯」，這已注定了它在現代社會的滅亡。

尼布爾認爲馬克思主義也表現爲自由派思想的一種新形式，共產主義卽意味著「在歷史中發現了上帝之國」；因此，「現代共產主義關於一個徹底平等之社會的夢想，是古典宗教夢想的一種世俗化，但其本質上仍是宗教的⓰」。他進而指出，馬克思對無產階級命運和革命的解釋卽一種富有戲劇性及宗教性的解釋，馬克思「把無產階級的卑微作爲其最終昇華的原因，在其社會失敗之不幸中發現其最後勝利的預兆，在其喪失掉一切財產中看到那無人再擁有財產特權的未來文明，這就是那種從失敗中獲取勝利的偉大戲劇性事件和古典宗教之風格⓱」。尼布爾將共產主義

⓮ 參見 *Christianity and Crisis*, No. 14 (22. Mar. 1954), pp. 30-32.

⓯ 同❶，頁157-158。

⓰ 同⓾，頁61。

⓱ 同⓾，頁154。

運動等同於與古代基督教相似的「奴隸反抗的另一種方式」，說它是在「卑賤者」所處的境遇中期望著「絕對」的實現。

　　在反對「災變論」、「暴力論」社會主義學說的同時，尼布爾卻對「改良派」和「議會派」社會主義道路表示了一定程度的讚賞。他認爲改良派和議會派的觀念乃來自其有利的經濟經驗，所謂馬克思主義與其修正主義的區別，在於前者代表失意工人、後者則代表得意工人，前者反映了陷入絕望之工人的悲憤，而後者卻表露了抱有希望之工人的心境。他說，西方資本主義社會中工人狀況和生活水平得以改善及提高的現實，使人們對馬克思主義關於工人因其悲慘遭遇不斷惡化而爆發革命的理論產生了嚴重的懷疑；

　　　　在德國，它導致了一種新的社會主義思想派別，接受了愛德華・伯恩斯坦（E. Bernstein, 1850-1932）對原來馬克思主義學說的修正，而且將對大災變的期望變爲向平等公義逐漸進化的希望。事實上，資本的集中化並不像馬克思所預見的那樣迅速，而在資本主義社會中小資產階級比其所預見的要更多、更頑固地發展，工黨政治權力的增長，也迫使國家把因資本集中而形成的不平等調整爲局部的平衡——這一切因素似乎都可以證明，把社會主義修正爲一種進化論學說實屬正確。伯恩斯坦關於資本的集中化在農業中比在工業中要遠爲緩慢這一論點，已完全被歷史所證實。❸

---

❸ 同❿，頁181。

　　尼布爾將憧憬「經濟發展和社會進步」的自由主義與共產主義信仰視爲脫離現實的「烏托邦」思潮，認爲它們前者溫和、後者強硬，但都給現代世界帶來了危機。基於上述認識，尼布爾從此放棄了其「自由派樂觀主義」和「基督教馬克思主義」的立場觀點。對於這一轉變，他後來曾在其「思想回顧」中如此表白說：

　　難以知道，對自由派與馬克思主義關於人類本性和歷史之觀點的批判，是否由對《聖經》信仰更爲深刻的理解所促成；或者，這種理解是否由包括兩次世界大戰……這些當代歷史之悲劇事實對自由派和馬克思主義信仰的駁斥所促成。⑲

　　總之，從其《講求道德的人與無道德的社會》這部著作起，尼布爾展開了對理想主義、樂觀主義人生觀和歷史觀的全面批駁；而且，他所有論著的主題思想從此不再是對他認爲永恆有效的基督教信仰之系統論述，而是側重於他所處時代的問題，主要關心現代社會的理論探討及實踐活動，以此來對基督教信仰的實際作用和現實意義加以闡釋和縷析。

　　1934年，尼布爾的論文集《時代末的沉思》一書出版，其中收入他關涉社會狀況和現代文化失敗的二十篇論文。這裏，他對工業社會的深入分析和對基督教神學的重新理解進一步成熟，對自由派基本原則的批評態度也更爲明確。他認爲曾風靡歐美的自由主義世界觀已經過時，「一個時代結束」遂成了他三〇年代著述中反覆出現的慣用語句。在這一「時代末的沉思」中，他覺得

⑲ 同❶，頁8。

迫切需要一種全新的理論，其顯著特點和激進意義「不僅在於它分析上的現實主義本性，而且在於它願意通過設立權力來反對權力、直至取得一種更為平衡的權力均勢來向某一固定社會制度所帶來的不義挑戰⑳」。此時，他仍強調自己要求達到一種社會權力平衡的基本信念與「民主社會主義」並沒有矛盾，堅持社會改造和完善雖不需要激烈的革命，卻並不排除一種「潛進的社會主義」之可能。不過，這種「潛進」乃指「財產體制上的變革」，即生產資料的社會化、財產的社會化，其實用意義是取得「一種可以容忍的經濟權力之均勢」，以促進經濟的發展、同時又維繫社會的平衡及穩態。

這一時期，尼布爾的興趣開始轉向基督教與社會倫理、政治權力及歷史意義等問題。1935年，他發表專著《基督教倫理的闡釋》；其基督教歷史解釋論文集《悲劇的彼岸》也於 1937 年出版；1940年，他又出版了《基督教與強權政治》一書。至此，尼布爾思想發展及重大轉變的三部曲已基本上完成。美國政治學家湯普森（Kenneth Thompson）對尼布爾這一思想經歷曾總結說：

尼布爾政治思想「奧德賽式的旅程」開始於二十世紀的第三個十年，他以比較傳統的自由主義作為其第一條道路；其次，在三〇年代又達到一個新的時期；這時，他對馬克思主義的批評並不完全令別人和他自己信服，而當它作為一種具體政治評價之基礎時尤其如此。他的旅程之最後階

---

⑳ R. Niebuhr: *Reflections on the End of an Era.* New York: Charles Scribner's Sons, 1934, p. 230.

段則大致與第二次世界大戰前後時期相脗合。此時，我們
看到一種屬於西方政治家風度的古典原則類型、但又尋求
最終超踰它們的實用主義政治觀念之勝利。❷

1939年，尼布爾應邀去英國愛登堡大學季富得講座(Gifford
Lectures) 作專題演講，並作爲該講座的第五位美國講師而在國
際學術界享有盛譽。1941至1943年，他輯訂出版了其季富得講座
講演稿《人的本性與命運》（分爲兩卷，上卷《人的本性》1941
年出版，下卷《人的命運》1943 年出版）。此書乃其思想體系
的代表著作，爲他最重要靈性關切之總括。它「成爲本世紀上半
葉有影響的書籍之一，並且改變了美國神學的整個趨勢❷。」尼
布爾以這部著作來系統闡述基督教的人生觀、社會觀、歷史觀、
救贖觀和倫理觀，形成其現實主義神學體系和突出人論的宗教哲
學。「這本書具有無限豐富的學識，具有深刻的眼識和遠見，而
且匠心獨運，在人們的眼前蓋起一座設計得合情合理的建築❷。」
由於它立意於人之存在，指歸在人的拯救，故被視爲「神學人類
學」的當代傑作。它既爲西方信仰精神之傳統綜合，又代表著其
現代革新；既有著歐陸新正統派神學對人之詐謬存在及現實悲劇
的明察洞觀和深思熟慮，又超越其消極厭世和悲觀絕望，因而給
人以悲壯深沉之感，使人對善惡交織、苦樂共存的人生之謎獲得
更爲透徹的領悟。《人的本性與命運》一書標誌著尼布爾思想學

---

❷ 同❶，頁156。

❷ 參見 James C. Livingston: *Modern Christian Thought.*
New York: Macmillan, 1971, p. 457.

❷ 參見《近代現代外國哲學社會科學人名資料匯編》，商務印書館，
1978年，北京，頁1733。

說之巔峯鼎盛，它奠定了現代文化思潮中坦然、實在地審時度勢
之社會觀念的理論基礎，也確立了他自己在現代基督教思想及宗
教哲學發展史上的重要地位。

尼布爾在這部名著中以極爲深邃的眼光剖析了人生充滿詭謬
的兩難境地，對其古今解釋亦加以精闢獨到的審視和評價。

> 在這些著述中我想證實，對於人之本性和命運的現代解釋
> 與古典理想主義解釋旣非常不同、卻又極爲相似，而《聖
> 經》的人生觀則都高於古典和現代的觀念。❷❹

他運用基督教信仰對終極實在與人類窘境的理解來系統闡述
自己的現實主義人生哲學，首先提出「人始終是其自我最大的煩
惱，人該怎樣去看待自己❷❺」這一問題，然後根據傳統基督教關
於「上帝創世」和「人的原罪」之說來加以全新發揮，論證人乃
精神與自然的獨特混合，昭示人身陷自然卻又能「踰越自然、生
存、自我、理性和世界」的本性與命運，從而獨闢靈想、細述縷
析，對游離於永恆與現實之間的複雜人生給予不同凡俗的精湛解
答。

與此同時，尼布爾不僅是思想界最有影響的人物，而且其探
求眞理的使命感和責任感還使他關注各種現實問題、保持著對社
會及政治的興趣。其對人的精神、自然之張勢的現實揣視雖然令
他體驗到人世的困窘與分裂，不再盲目樂觀、好高騖遠，卻並沒

❷❹ 同❶，頁 9。

❷❺ R. Niebuhr: *The Nature and Destiny of Man. Vol. I:
Human Nature.* New York: Charles Scribner's, 1941, p. 1.

有使他只停留在苦思冥想、高談闊論之上，而是更加激勵他將終極關切與現實關切相結合，承認對社會歷史中「眞、善、美」的身體力行和實際參與具有積極意義。人之眞正昇華在歷史中對於人類乃是一種「不可能的可能性」，但只要人們不以自我會「絕對解決」其歷史問題來自欺欺人，這種「可能性」就仍然存在。人的歷史努力乃實 實在在的， 正如尼布爾在一次 典型發言中所喻：「你不能只是起草一份完美的憲章就建立起世界政府。只能在歷史的過程中纔能建立起世界政府。你是在歷史過程中成長的❷⑥。」

因此，尼布爾在著書立說和教學育人之外還參加了多種多樣的社會及政治活動。早在二〇年代初他就參加了美國社會黨，三〇年代任該黨領袖，主編黨報《明日世界》，並於1930年作爲社會黨候選人參加紐約市西區議會議員的競選活動。1940年6月，他因不滿社會黨的和平主義與自我孤立政策而退出該黨，並自稱這是其「幻夢的完結」。從此他加入紐約市自由黨，1944年曾任該黨副主席。

1935年，他參與創建基督教社會主義者團契，任其季刊《激進的宗教》（後改名《基督教與社會》）創刊以來的主編。1941年2月7日，《基督教與危機》雙週刊創立，由尼布爾擔任其主編。他利用此刊撰文反對當時一些宗教刊物中流行的和平主義論調，斥之爲「感情用事的基督教」，並極力貫徹其「制止極權主義的侵略是維護世界和平與秩序的先決條件」這一原則。同年，他還與一些從和平主義自由派轉變立場並準備在必要時參戰的現實主義者創立「美國人爭取民主行動協會」，並一度出任該會主

---

❷⑥ 同❷③，頁1732。

席。二次世界大戰期間，他擔任「美國爭取德國自由之友協會」主席，在1941年英德對抗的嚴峻時刻他又公開要求美國使用護航隊護送運往英國的貨物。這樣，尼布爾成爲當時美國宗教思想界對主張無條件採用非暴力手段來解決一切政治問題的泛和平主義之最強硬的反對者。他認爲，面對希特勒(A. Hitler, 1889-1945)的淫威與瘋狂，就應該以惡抗惡、以暴抗暴，因而堅決反對那種「不懷好意」的和平主張。

世界大戰結束之後，尼布爾支持世界基督教協進會1946年日內瓦會議上的建議，同意成立國際關係委員會，以鼓勵各教會更爲有力地表明基督徒對於「正義和秩序」的要求。1947年12月9日，他參與「美國人爭取民主行動協會」發表宣言，要求美國政府迅速批准歐洲復興方案，主張採取將佛朗哥 (F. Franco, 1892-1975) 趕出西班牙的經濟制裁措施，同時警告美國在對付庇隆 (J. D. Perón, 1895-1974) 統治的阿根廷時要謹慎從事。這一年，他還擔任了「美國流亡專家安置運動」的主席，組織參與使戰爭中陷入流浪生涯的科學家、醫生、律師、藝術家等專門人才能够儘快在美國安家落戶的工作。在此期間，他還著有《光明之子與黑暗之子》(1944)、《辨認時代的徵兆》(1946)、《信仰與歷史》(1949) 和《美國歷史的冷嘲》(1952) 等學術專著，進一步從理論上闡明其歷史觀、倫理觀和政治觀。

1952年，尼布爾由於中風的結果而不再經常參加公眾活動，但仍關心社會政治和國際局勢，並繼續其教學和寫作工作。例如，他堅決支持美國及其盟友的冷戰政策，贊成美國在外交上承認中國大陸，但極力反對美國捲入越南戰爭和謀求世界霸權的企圖。其重要著述則包括《基督教現實主義與政治問題》(1953)、

《自我與歷史的戲劇》（1955）、《愛與正義》（1957. Ed. by
D. B. Robertson）、《虔誠與世俗的美國》（1958）、《世界危機
與美國的責任》（1958）、《國家與帝國的結構》（1959）、《應用
基督教論文集》（1959）、《敬神的人與不敬神的人》（1959）等。
1960年，他在紐約協和神學院退休，享有其授予的「查理‧布雷
格斯（Charles A. Briggs）倫理學與神學榮譽教授」稱號。退休
後他潛心於理論著述，有時亦應邀從事演講活動，此間發表有《
萊因霍爾德‧尼布爾論政治》（1960. Ed. by Harry R. Davis
and Robert C. Good）、《如此設想的國家》（1963. With Alan
Heimert）、《人的本性及其羣體》（1965）和《信仰與政治》
（1968. Ed. by Ronald H. Stone）等論著。

　　尼布爾作爲二十世紀西方思想界名流，博學多聞、興趣廣
泛，在神學、哲學、史學和倫理學上都很有造詣，並且論及社
會、國家、政治、經濟、外交、戰爭、民族等問題。由於「尼布
爾注意並分析和批判性應用了心理學家、社會學家、歷史學家、
政治哲學家和實踐之中政治家們的思想，因而有著極多的聽眾
❷」。他自稱在其神學思想上對純理論性問題不感興趣，對那種
形而上學、抽象本體論學說不大關心，認爲自己不是一個系統神
學家，而是一個當代的護教論者和實踐哲學家，其主要興趣在於
解決迫在眉睫的社會和政治問題。他一生著述甚豐，寫有二十多
部專著，並在近百種報刊雜誌和書籍上發表了大量論文。他先後
由伊登神學院（1930）、格里納耳學院（1936）、韋斯利安大學
（1937）、賓夕法尼亞大學（1938）、阿姆爾斯特學院（1941）、
耶魯大學（1942）、牛津大學（1943）、哈佛大學（1944）、普林

　　❷ 同❸。

斯頓大學（1946）、格拉斯哥大學（1947）、紐約大學（1947）和霍巴特學院（1947）授予神學博士學位，曾由西方學院授予法學博士學位。

　　1971 年 6 月 1 日，尼布爾在馬薩諸塞州的斯托克布里奇逝世。

第二章　思想及社會背景

一、樂觀主義與自由派神學

從十九世紀末到二十世紀初第一次世界大戰爆發以前，由於西方資本主義自由競爭的高度發展促進了資本的積累和集中，形成了西方社會表面上的空前繁榮和強盛。尤其美國在這半個世紀的變化更是巨大，它迅速地由一個農業社會發展爲工業社會，並進入了世界列強的行列。美國境內一個個城市像玩魔法般地突然建立起來，鐵路運輸也很快就形成四通八達的便利局面。春風得意的企業家們所獲財富猶如泉湧，源源不斷。在這種情況下，西方上流社會普遍認爲，資本主義世界前程似錦、美妙非凡，就如同要進入《聖經》所描繪的天國一般，一個普遍繁榮時代卽將來臨。儘管這種資本的異常積累與集中也不時導致局部性經濟危機，使整個經濟生活好似大海一樣變幻莫測、動盪不定，時而風平浪靜、時而又波翻濤湧，但西方人士從總體上依舊保持其自我陶醉的美夢，仍然「堅定地相信這種講法：現實世界是最好的，而且越來越好……天上有一位仁慈的上帝，他主要關懷的就是人類的福利、幸福和不斷改善，儘管天道往往是不可測的❶」。

正是在這種社會文化氛圍及其流行的樂觀情調中，受新康德主義影響，把路德 (M. Luther, 1483-1546) 學說與現代思潮相

------

❶ 參見〔法〕安德烈・莫魯瓦著《美國史》，上海人民出版社1977年中譯本，頁18。

結合的基督教自由派神學得以興盛發展。其主要代表里奇耳 (A. Ritschl, 1822-1889) 和哈納克均爲德國新教神學家，他們的思想曾風靡一時，尤其是哈納克的理論學說對尼布爾一家產生過極爲直接的影響。

自由派神學把基督教的本質描繪爲對上帝「慈父」般之「愛」的傾心和依附，這種「父愛」通過耶穌基督的活動與敎誨而爲人所知。例如，哈納克最主要的興趣，就在於使信仰能完滿地與現代世界和諧共存，這反映出新教自由派神學最典型的樂觀主義特色。他認爲，過去那種刻板的、敎條的、拘泥於字面解釋的信仰必須加以根本修正，要根據普通的歷史和文學標準來閱讀《聖經》，使之旣給人帶來希望，卻又不失去其宗教價值。這一神學相信傳統的信仰可以通過新的科學、哲學、歷史和道德眞理而加以現代化、獲得改革和新生。具體而言，自由派宗教信仰的標準是：

(1) 與牛頓 (I. Newton, 1642-1727) 物理學和達爾文 (C. R. Darwin, 1809-1882) 生物學的科學世界相一致；

(2) 與以休謨 (D. Hume, 1711-1776)、康德 (I. Kant, 1724-1804) 及其他思想家爲代表的近、現代哲學相適應；

(3) 與認爲人是從粗野、原始的過去進化而來，並正循序漸進地得到啟蒙和道德化這種在當時空前盛行的人性向善論主張相符合；

(4) 用對在人類天生趨向善與理性這種能力中顯現的自然世界之上帝內在性的堅信不移，來代替關於上帝至高無上和人之墮落的傳統信仰❷。

---

❷ 參見 Roger A. Johnson (ed.): *Critical Issues in Modern Religion,* Englewood Cliffs, New Jersey: Prentice-Hall, 1973, pp. 177-178.

這些標準實際上是從神學的角度來展示人們在西方工業社會上昇時期所具有的自信、樂觀和有為精神，它們以一種神學信念的方式對現實人生及其歷史進程給予了充分的肯定和樂觀的展望，堅信人類能在世界本身發展中獲得拯救、達到昇華。

對自由派神學來說，宗教的本質在於它有關「仁愛」和「兄弟情誼」的倫理原則，而不是它對人類生活之悲劇及奧秘的揭露。哈納克認為，耶穌所教導、傳播的福音主要包括如下三個思想基點：一是關於上帝之國及其來臨；二是關於上帝是「仁慈的天父」以及這一觀念在人類心靈中的無限價值；三是關於「愛」的誡命和社會正義的提高及漸臻佳境❸。他否定了傳統教義的宇宙觀和形而上學體系，堅持基督教真理的核心就是耶穌的教誨，而這些教誨在現代社會仍然具有很大價值。總之，這種充滿溫情與憧憬的靈性思潮都強調，世界可不斷趨向完善，人類通過自我努力可逐漸成為義人；由此而論，世人能自由地沐浴上帝救恩的光照，能在人間創立起《聖經》所啟示的「新天新地」。當時自由派神學所主張的社會逐漸至善論，人作為「上帝之子」而具有很大價值，以理性的作用來實行民主政治、發展經濟和普及教育就能在社會上消滅不義、建立上帝之國，以及基督教在現代科學社會中仍有價值、仍能發揮作用等樂觀、自信的觀點在西方思想界中廣為流傳、風行一時。它們為現存社會制度的不可動搖性及日趨進步性進行辯護，與當時西方經濟和社會發展表面上歌舞昇平的景象融為一體。

當歐洲自由派神學鼎盛之際，美國的自由主義思潮也出現了

---

❸ 參見 James C. Livingston: *Modern Christian Thought*. New York: Macmillan, 1971, pp. 259-260.

多元發展。里奇耳和哈納克的學說不僅在歐陸獨佔鰲頭，而且對美國新教神學產生了深刻影響。在兩個世紀交接之際的美國社會，最爲活躍和流行的新教思潮卽進化論神學、社會福音派神學、經驗主義神學和自然主義神學等具有自由主義樂觀色彩的神學派別。

美國進化論神學以費斯克（J. Fiske, 1842-1901）、比徹（H. Beecher, 1813-1887）和艾波特（L. Abbott, 1835-1922）等人爲代表。他們認爲，進化論能使基督教對於講究理性、充滿思辨精神的現代人類重新具有意義，而那種建立在僧侶統治之封建模式基礎上的舊神學必須加以拋棄，因爲它聲稱有一個與宇宙截然分離的上帝存在，他就像羅馬皇帝統治其領地那樣以一系列外在干涉來統治宇宙。他們強調現代神學應以內在論和進化論的範疇來考慮上帝與世界的關係，用進化論來重新解釋基督教的信仰和制度，並說一切都須根據變化、發展和進步來觀察。例如，艾波特就曾反對關於人是從原始完善狀態中墮落的傳統觀點，認爲古代閃族宗教的發展證明了一種「自然選擇的過程」，而《聖經》實際上也反映出「人對於上帝的意識不斷增長的歷史」。比徹也在其《進化論與宗教》一書中指出，在冥冥天道中有上帝的運行，在自然規律中有上帝的作用，在哲學氛圍中有上帝的生存，在科學發現中有上帝的光耀，所謂科學卽「對在世界結構中展示出來的上帝思想之解釋」。進化論神學試圖從一種神聖內在之審視上重新樹立起人們對宇宙自然和世界歷史的信心，並以其具有調和、兼容之特色的神學建構來尋求現代社會中宗教與科學及哲學的和諧共存、相互輝映。

社會福音派神學主要由格拉登（W. Gladden, 1836-1918）、

謝爾登（C. Sheldon, 1857-1946）和勞興布希等人所倡導。它繼承了以哈納克爲代表的自由派神學關心社會倫理問題之傳統，開始在美國把其整個神學轉向社會倫理觀，提出重建「基督世界失去的社會理想」，並把「上帝之國」作爲「基督教信仰的第一和最根本的教條」。這些神學家非常樂觀地認爲，「上帝之國」將會作爲一種雖非盡善盡美但較爲崇高的社會秩序在歷史中降臨於人類社會，這種秩序則以「愛」對人類事物的逐漸完善爲標誌。他們不否認上帝的超越性，但更強調其內在性和對世界及人生的實在意義。他們堅信通過宗教信仰可以改造和激發人類，而教會作爲「一個在理智之善指導下共同行動的自由人的社會」亦能改變和完善現實世界。他們充分肯定人類的理性和善良，幻想克服社會弊病、解決社會問題只要通過用理智來對社會加以科學分析、靠良善來對他人進行忘我服務就能達到。「愛」之倫理會在個人及社會中不斷得以擴大和深化，而人們盼望已久的「上帝之國」也一定能在這個世上建立起來，這卽是基督教帶給人們的「社會福音」。

　經驗主義神學家包括「芝加哥學派」的史密斯（G. Smith, 1868-1929）和馬修斯（S. Mathews, 1863-1941），以及尼布爾在耶魯時的神學教師麥金托什。他們深受美國實用主義哲學家和宗教心理學家詹姆斯（W. James, 1842-1910）的影響，強調人的現實經驗在宗教認識中的重要作用，認爲神學就應該作爲一門經驗科學來發展。從其認識論的探究出發，麥金托什曾堅持神學與哲學並無本質區別，指出哲學命題對於解答神學問題極爲重要。在他看來，認識論問題同樣是神學思想中的關鍵所在；每一種神學都會對認識的本質及其可能性加以表態，而各種神學判

斷亦離不開其哲學內涵。他認爲近代哲學發展在康德的批判哲學
中達到了高峯，康德使人們開始注意到「爲我之物」與「自在之
物」的關係問題。人們在認識經驗感知的客體時是否就能認識到
實在本身呢？或者，我們於此僅能認識其現象，而對實在本身卻
仍全然無知？受康德批判哲學的啟迪，麥金托什以一種「批判實
在論」來構築其認識論體系。他指出，認爲人在感性經驗中所接
觸的客體與終極實在全然兩樣乃是「二元論」，它從邏輯上必然
導致對「自在之物」的不可知論，而其理論的根本錯誤就在於它
無視終極實在與認識客體之間的存在延續及其必然關聯。所以，
只有認爲在對客體的經驗認識中也能認識到實在本身的「一元論」
才是正確的，因爲它至少肯定了在認識客體與獨立實在之間的部
分等同性。然而，這種「一元論」中仍有著「觀念論」和「實在
論」之分，前者強調認識客體與獨立實在的全然等同，從而將「
實在」歸併爲「現象」本身，「實在」卽「觀念」。後者則與之
截然相反。不過，麥金托什在此又進而指出「實在論」中亦有「
樸素實在論」與「批判實在論」的區別：「樸素實在論」將「現
象」歸併爲「實在」，認爲人們乃直接體認「實在」，而無需任
何中間環節或媒介；也就是說，「現象」與「實在」毫無本質區
別；其結果是「盲人摸象」，以偏概全、以局部代替了整體。因
此，只有「批判實在論」才是眞正適當和確切的認識論。這種「
批判實在論」承認在終極實在與其顯現給我們的方式之間有著部
分的等同，從而一方面肯定了人們能夠認識其外在之物或獨立於
人的認識之外的客體，另一方面又指出人們認識的條件及其環境
必然影響到對已知客體之特性的展示與勾勒。這樣，「批判實在
論」雖然承認感性客體與其獨立實在之間存有質的區別，卻仍確

定了二者之間的存在統一及等同關係，從而肯定了人們對獨立實
在之本質富有積極意義的部分認識和直接把握。這種哲學認識論
無論對於「規範神學」還是「形上神學」、對於基督教的上帝認
識還是其它宗教認識，都有著普遍的意義及價值。尼布爾雖然後
來在某種程度上因對麥金托什認識論的抽象推理、判斷感到枯燥
乏味而終於輟學離開耶魯，卻並沒有從根本上拋棄他對經驗觀察
的強調和其「批判實在論」體系的眞諦。這種「批判實在論」
所揭示出的自我批判精神和對人的認識之相對意義的實在態度，
曾在尼布爾既不盲目樂觀、又不徹底悲觀的審世態度中留下過印
痕，也給其現實主義思想體系增添了某種神韻。

　　自然主義神學則以魏曼（H. Wieman, 1884-1975）爲主要
代表。柏格森（H. Bergson, 1859-1941）和懷特海（A. N.
Whitehead, 1861-1947）有關「過程」與「創造」的理論曾對形
成魏曼的思想發生過一定影響，但他後來對「過程形而上學」理
論的興趣日減，而與杜威（J. Dewey, 1859-1952）的「實驗論」
和「工具論」產生共鳴。在魏曼看來，基督教神學傳統並非人們
現今的充分指導，人類正生活在一個全新的時代，過去的歷史已
對之無濟於事。在現代技術時代，形成人們生活指導原則和適應
能力的是科學探索精神而不是傳統思維模式。神學上超越自我侷
限、希求達到上帝的努力，也不應像那些懷舊神學家們那樣以回
到古代神學傳統、回到《聖經》教義、教父哲學和宗教改革思想
的方式來實現。魏曼覺得這些古舊傳統遠遠不夠，它們不過是
儲存那些使期望、情感與實在相混淆的文字符號的古老博物館而
已。因此，只有依靠一種能使人們擺脫主觀幻想的知識，即「經
歷」和「檢驗」這種科學方法的知識。他相信舊傳統對於現代已

無所裨益，從而主張按照杜威《哲學的改造》之模式來徹底改造人們體驗自然、人類和上帝的方式。他指出，神學認識的唯一途徑是經驗主義的，卽通過觀察、實驗及理性推斷之方法來體認和感知。一切認識歸根結柢都須依賴科學，科學恰好就是認識的全過程。認識上帝也須通過科學實驗的方法，這意味著，上帝和其它存在一樣，必須能在經驗中爲人所感知，上帝也是一種通過感覺經驗而爲人所領悟的客體或客觀存在。與麥金托什的體系不同，魏曼的神學要求有一個徹底的自然主義世界觀作爲其理論前提和出發點。這卽指上帝並不與自然絕對分離，上帝也必須像其它自然實體一樣是能够爲人認知的自然過程或結構。他稱其學說爲「新自然主義」，以區別於空靈奧秘的「超自然主義」和趨向某種歸納法唯物論的「舊自然主義」。他還認爲，那種以信仰一個超理念、超自然的上帝爲基礎的神學已成爲危害人類未來的理論和破壞人類創造性的因素。因此，他反對超越時空和超越理性這兩種神學觀點，說它們只會妨礙人類的進步和解救。

進化論神學的人類進步論、社會福音派神學的社會向善論、以及經驗主義與自然主義神學對人類理性認識的充分肯定和強調，都在神論上突出了上帝的內在性和在人論上表明了世人的自信心。這些自由派神學所表現的對理性萬能和科學精神的贊賞態度、及其相信人與社會可不斷進步、日臻完善的樂觀情調，曾給處於思想形成過程之中的尼布爾留下了深刻印象。這種神學理論與杜威等人的世俗自由派思想對人生問題的關心、宗教與世俗自由派二者的相似性及其對社會的影響，都引起了尼布爾的極大關注。尼布爾在最終確立其現實主義體系時，對自由派神學的經驗、實踐之意趣和批判、實在之義蘊曾有所保留和改造，而堅決

批駁並擯棄了其充滿樂觀主義色彩的人生觀、社會觀和救贖觀。
這種批評正如尼布爾之弟理查德・尼布爾後來在其《美國的天
國》一書中所言，自由派神學的信仰是幻想「一個沒有憤怒的上
帝，通過一個沒被釘十字架的基督，把沒有罪孽的世人帶入一個
沒有審判的天國❹」。

二、世界大戰與危機思潮

　　1914年8月，第一次世界大戰在歐洲爆發，1917年美國也捲
入了戰爭。這場空前殘酷的人間大屠殺震撼了整個西方工業和經
濟制度的基礎，給歐美社會帶來了天翻地覆的變化。轉瞬之間，
戰爭風雲就把西方思想界樂觀、自信的氣氛一掃而光； 曾盛行
一時的歐洲自由派神學也遭到了滅頂之災，整個體系幾乎蕩然無
存。 不少西方思想家哀嘆這次大戰「標誌著一條大堤決了口，
一個文明被淹沒了❺」。例如， 美國歷史學家麥金太爾（C. T.
McIntire)曾對之評價說:「1914-1918年的世界大戰，開始了兩代
人之久的一系列重大危機，它震撼了知識界、政治界、社會界和
文化界的領袖，使他們從對文明狀況的自鳴得意中驚醒過來。這
些領袖及其中產階級中的眾多追隨者們，開始認識到窮人和賤民
們始終知道的東西——生活可能是災變性的，我們最有價值的成
就也可能在轉瞬之間被一掃而光。第一次世界大戰表明，通過高
超的技術手段，戰爭的野蠻會增至吞沒整個人類和文化❻。」戰

---

❹　同❸，頁 449。

❺　參見布蘭沙德:《理性與分析》第一章，轉引自《當代美國資產
　　階級哲學資料》（第一集），商務印書館，1978年，頁114。

❻　C. T. McIntire (ed.): *God, History, and Historians.* New
　　York: Oxford University Press, 1977. p. 7.

爭給世界帶來了極大的不安，挫敗與恐怖籠罩著人們的頭腦。當時的美國總統威爾遜（T. W. Wilson, 1856-1924）曾對英國駐美大使說：「我珍愛的一切都陷於危殆之中❼。」從此，人們感到「我們的世界並不是一個盡善盡美的世界，在國與國的關係中，利益、傲慢和恐懼比愛和正義起著更大的作用❽」。而那種認爲歷史會不斷進步、發達的工業社會將永遠存在的信念也產生了根本動搖，至於自由派神學曾推崇的理性萬能、人之從善如流等理論更是走入了死胡同，再也無法自圓其說。現實社會的鮮明反差造成了人們思想觀念的迅卽巨變，正如西方學者所總結的：

> 本世紀所經歷的思想動盪和價值革命是前所未有的。現在和文藝復興時期一樣，人們一生約五十年之中，一切舊的觀念、先前的科學方面的信念、宗教信仰、政治信仰都改變了。人們甚至都可以說，連地球運行的傾斜軌道也發生了變化。❾

> 從他們的經驗，他們親身經歷過的事情中，他們看到早先教給他們的甚麼道德、甚麼信義似乎全是一派謊言。這種殘酷的鬥爭，這種騷亂，夭折了的和平，所有這一切都使他們覺得世界是毫無意義的。他們不得不逃避現實了。……逃避現實表現爲對於當時信譽掃地的理想主義已全然失去了興趣，要在物質世界上追求具體的眼前歡樂。❿

---

❼ 同❶，頁69。
❽ 同❶，頁61。
❾ 同❺，頁113。
❿ 同❶，頁118、120。

這種幻滅和動搖，一度導致了西方社會道德和精神上的解體。人們對戰爭前的舊秩序感到「就像夢境那樣虛幻遙遠」，戰爭帶來的則是「人們的生活世俗化，天上的神祇和陰間的鬼怪都消逝了，在嶄新鮮明的科學氛圍中，以往人們安身立命、蟄居其中的宗教信條的宏偉堡壘也從雲端消逝了❶」。過去的理想主義者蛻變爲「犬儒主義者」，而年輕的一代則成了「迷惘的一代」，不再接受以前那種「高尚體面」的生活。在他們看來，「所有眾神都不復存在了，所有戰爭都是可恥的，所有信念都已渙散了❷」。在整個西方，悲觀主義壓倒了樂觀主義，保守氣氛衝散了浪漫色彩，厭世哲學戰勝了理想主義，逃避現實取代了社會改造，人們的恐懼、絕望和痛苦形成時代的特色，曾爲人所鄙視的孤僻、放蕩、及時行樂與自暴自棄一時又變爲流行的風尚。

　　戰爭在西方生活裏捲起的驚濤駭浪，幻滅在人們信仰中帶來的拋棄傳統，使自由派神學及一切樂觀主義的人生哲學都受到普遍的懷疑和唾棄。在這種情況下，怎樣重建西方社會對世界和人生的理論，如何確立新的價值觀念，就成爲當時迫在眉睫的問題。正如公元 410 年「永恆之城」羅馬被西哥特人攻陷之後，基督教思想家奧古斯丁（A. Augustinus, 354-430）著述《上帝之城》來表達他對羅馬帝國和整個古代社會瀕亡的看法並答覆人們對基督教的指責與非難那樣，爲了解釋世界大戰這一歷史悲劇、彌補社會動亂給人們造成的精神空虛，各種思想學說開始在西方不斷湧現，隨之在信仰領域中也出現了「多極的宗教和神學復興

---

❶　同❺，頁114。
❷　同❶，頁119。

36 尼 布 爾

⓭」。

　　新的思想運動首先表現在對歷史意義的探詢和對西方文明的反思。德國歷史哲學家施本格勒 (O. Spengler, 1880-1936) 於1918年出版了《西方的衰落》一書。在這部他自稱爲「世界史形態學」探索的論著中，他打破了十九世紀風行的歷史進步觀念，而以一種文明歷史都將不可避免地衰敗的歷史循環論觀念來取而代之。他按其「文化形態史觀」來把世界歷史分爲八種不同形態的偉大文明，卽埃及文明、巴比倫文明、印度文明、中華文明、古希臘羅馬文明、墨西哥瑪雅文明、西亞和北非的伊斯蘭教文明和西方歐美文明，認爲每一種文明在興起時都充滿靑春活力，經繁榮發展後枯萎凋零，完成其生命周期，目前這八種文明中已有七種處於消亡或僵死之態，僅僅剩下已達完善但尙未終結的西方文明。而根據西方社會動盪、危機之徵兆，施本格勒預斷西方文明也在刼難逃，它已經完成了歷史使命，正在走向沒落。他說：

　　　　每一種文化都會經歷如同個人那樣的成長階段，各有其孩提、青年、成年和老年時期。……每一種活生生的文化必將達其內在與外在的完成、達其終結──這就是一切歷史衰落之意義，其中包括我們已清楚見到的那些可概而言之的「古代的衰落」，而且在我們之中及周圍，今日已可明確感觸到那與此全然相同之事件的最早跡象，卽在完成其發展和延續過程之後將於未來一千年的前幾個世紀中出現

⓭ 參見 Robert T. Handy: *A History of the Churches in the United States and Canada.* Oxford University Press, 1976. p. 393.

「西方的衰落」。⑭

與這種具有悲觀主義色彩的文化宿命論和歷史循環論相一致，施本格勒在其歷史哲學中還提出了價值標準之多元化和眞理認識之相對性的看法，從而對人的認識能力和眞理尋求持一種懷疑和消極的態度。他指出：

> 迄今爲止，西方關於空間、時間、運動、數學、意志、婚姻、財產、悲劇、科學諸問題的所言所思皆偏狹可疑，因爲人總是在尋求問題的解答，而沒有認識到：眾多的提問者會有眾多的解答，每一哲學問題都不過是希求在其問題本身就已包含某種答案這一深藏不露之願望，人也不可能在其短暫意義上充分把握某一時代的重大問題。因此，必須接受一組限於歷史的答案，其概覽若不帶任何私見則可展示那最後的秘密。其他人卻有不同的眞理。這些眞理對於思想家來說要麼全有效、要麼都無效。⑮

同理，不同文明有不同現象，每一種文化都有自己的道德價值標準，其有效性亦會隨著文化的變化而改變。所以，並不存在某種人類共有的道德標準和絕對眞理。施本格勒的這種解釋儘管不是一種令人最終滿意的選擇答案，但在當時卻滿足了人們希望對世界動亂進行解答和闡釋的急切需要與渴求。此書馬上成爲德國的

---

⑭ Oswald Spengler: *Der Untergang des Abendlandes.* München: C. H. Beck, 1959. p. 72.

⑮ 同⑭，頁18-19。

暢銷書，1926年被譯成英文後又暢銷美國。它在西方世界產生出廣遠的影響，並形成了西方現代歷史哲學的全新發展。

其次，這些新的思想表現爲一種對理性的反叛精神。經過世界大戰這一嚴酷現實，人們已對理性產生深刻懷疑並失去了對其理智能力的信賴。從此，理性因喪失威信而走向沒落。昔日唯理主義的繁榮景象今日已銷聲匿迹、蕩然無存，人們開始以實際智慧來代替理性沉思，將對客觀理性的信念讓位給對文化相對性的審視。而且，戰爭的災難給人們帶來的震驚是如此巨大，以致理性的衰落竟能延續數十年之久而仍無轉機。對此，美國新黑格爾派哲學家布蘭沙德（B. Blanshard, 1892-）在其《理性與分析》一書中曾總結說：

> 新的思想運動認爲：促進科學發展的理性和人類社會的價值毫不相干，這種思潮甘願把整個價值領域交給人的本性中非理性的方面去支配。……二〇年代的英國哲學家霍布豪斯寫道：「一度被認爲是理性的保護人和鼓吹者的哲學，它自身就沾染了非理性主義傾向。我們最後將把人說成是一種非理性的動物，而現代哲學家則是這種非理性動物的先知。」三〇年代，美國哲學家莫理斯・柯恩指出：「當前，精神歷史中的一個中心事實便是對理性的明確信念日趨沒落。」四〇年代，艾溫博士在英國皇家學會演講中說：「十年來世界知識的風尚中最突出的便是對理性的普遍不信任。」幾年之後，德國哲學家霍凱默抱怨說：「事情已變成這樣，連理性這個詞也被懷疑是在某個神話中才存在的東西。理性，作爲倫理、道德、宗教觀念的表達者，

已經消滅了。」五〇年代，劍橋大學的評論家蘆卡斯回顧
說：「反理性，從政治到詩歌，到處表現出來，已經成爲
我們這個受苦而癲狂的世紀中的邪惡鴉片。」⑯

　　另外，新的思想運動從其不同角度而普遍反映出人們的「危
機意識」，形成各種令人警醒、驚駭的「危機思潮」。戰爭的恐
怖，使那種斷言通過理性和教育的作用，上帝之國就能在地上逐
漸實現的自由主義樂觀精神遇到了難以解答的問題和無法收場的
麻煩。而戰爭的毀滅亦使這種曾讓人悠然陶醉的春夢徹底破滅，
自由派思想與整個自由主義文化都陷入了危機。「人的危機」、
「社會的危機」、「思想的危機」、「信仰的危機」和「傳統的危
機」突然間竟成爲充滿西方思想界的時髦話語。

　　在神學思想上，自由派神學的急劇衰退則伴隨著新神學運動
的勃然興起，其中最早顯示其影響的便是先後在歐美形成的「新
正統派」神學。這種神學產生於當時西方經濟蕭條和社會動盪的
危難之際，它成爲戰後在西方居於統治地位的神學思潮之一。概
言之，「新正統派」神學在歐洲以巴特的「危機神學」和布龍納
等人的「辯證神學」而著稱，在美國則以尼布爾的「基督教現實
主義神學」而聞名。這一神學思潮之所以稱爲新正統派，是因爲
它以正統基督教神學爲依據，其講述的也是能在《聖經》、教
會信經和正統新教神學思想中得以覓見的教會傳統語言，如「三
位一體」、「造物主」、「人的墮落和原罪」、「耶穌基督」、
「救主」、「釋罪」、「與神和解」、「上帝之國」等。它指責自

⑯ 同❺，頁114-115。

由派神學對人的樂觀看法違反了基督教關於人的本性爲罪的「原罪」觀念，而與之針鋒相對地用「人是罪人」這一基督教正統教義來解釋當今世界的動盪和混亂，讓人放棄自己那心比天高卻徒勞無益的主觀努力，悔罪謙卑，靜候上帝的審判和拯救。作爲「新」正統的特徵，則是因爲它抛棄了傳統正統派那種墨守陳規、拘泥於字面意義的傾向，反對過於保守的「基要主義」神學態度，而用象徵、比喻的手法，結合社會狀況和現實危機來解釋《聖經》，運用基督教正統神學，給教會教義賦予新的內容，使之具有現代語義的全新功能。因此，新正統派在運用《聖經》上是現代派，接受了詮釋《聖經》的現代批判方法，認爲其中蘊含著許多照字面意義來講並非眞實的內容，其信仰奇蹟乃預表或顯現基督及其福音在教會中的拯救意義；它在論證上帝上是超越派，堅持上帝作爲「造物主」和「救世主」而至高無上、超越人寰，人與上帝之間存有不可踰越的鴻溝；它在解釋人生上是悲觀派，把人的精神危機和社會政治危機歸咎於其原罪本性，強調人之罪與罪之罰，對人的墮沉和積重難返深感憂慮；它在理解救贖上是消極派，認爲人不可能自我拯救、現實矛盾也不會在人世消除，歷史問題實際上與信仰無關，福音書所描繪的並非歷史上的耶穌而是信仰上的基督，其記載本身不是歷史發展之編年通鑒，而是宗教信仰的靈性表白；它在對待社會上是現實派，對科學發展和現代文化持開放態度，從認識政治及經濟制度對於人類存在的意義出發來考察其體系及效用，重視社會文化各層面的有機結合與整體聯繫，不迴避人世矛盾和邪惡腐敗，並尋求實在、相對的解決辦法。

　　新正統派神學所表現出的現實主義和悲觀主義特色，除了世

界大戰和經濟危機等突發事件的直接影響外，還有其深刻的思想根源。早在十九世紀下半葉，自由資本主義經濟發展已出現了一些危機。儘管西方經濟還得以恢復並維持住一種表面上的繁榮，卻仍引起了一些眼光較爲深刻的社會思想家們的沉思和擔憂。不過，這些思想家對社會危機的洞見主要集中在對人的看法上。他們認爲，十九世紀流行的文化思想之錯誤，在於它對人的觀念並不完善，沒能瞭解到人類生活的高深程度和人之主體的複雜景況，而只看到人有理性、講道德和唯意志的一面，相信人本質上是好的，通過正確教育與引導就能從善避惡，日臻完美。在他們看來，這種樂觀思想沒去體察人的存在中偉大與渺小、殊榮與卑微、幸福與悲慘之緊張度勢，從而對於由此導致人之內心深刻、痛苦的精神鬥爭一無所知。但此類靈性鬥爭正是保羅與奧古斯丁神學傳統的中心所在，並且又在路德神學中得以重新發現。他們不無遺憾地指出，十九世紀的文化主流既沒能認識到邪惡的力量，也不知道人類的罪孽會如此深重。這種社會現狀使他們對當時流行的道德樂觀主義極爲反感，他們企圖眞實描述人類生活進退兩難的矛盾處境，揭示人生戲劇所蘊藏的詩謬和悲愴。他們中如陀思妥耶夫斯基 (F. M. Dostojewski, 1821-1881)、易卜生 (H. Ibsen, 1828-1906) 和克爾愷郭爾 (S. Kierkegaard, 1813-1855) 等人曾對新正統神學運動的興起和發展在思想上產生過巨大影響，因而被二十世紀西方危機思潮的思想家們譽其爲「先知作家」。

陀思妥耶夫斯基從同情社會中被侮辱者與被損害者的命運出發，描述了他們在顛沛流離、走投無路之絕境中的種種犯罪，以及由此所造成他們精神和肉體上的徹底崩潰和毀滅。這些具有靈

性生命的弱者既不能滿足自己對於永恆的渴求，卻也難以將自己對上帝之愛和敬仰與流行的自由主義文化精神及其樂觀情調中的道德信念相等同，結果迫使他們成爲與社會思想主潮格格不入的「多餘人」和「孤獨者」。他們在痛苦中喊叫、反抗，渴求著行動，卻發現自己竟然處於毫無出路的深淵之中。這種兩難處境使他們成爲「語言的巨人，行動的侏儒」，從而又更增加其痛苦和屈辱之感。這樣，在陀氏的筆觸中總是閃泛出一種對現實生活悲觀絕望的情緒和宗教感傷主義的色彩，其作品充滿令人窒息的陰鬱、悲哀、頹喪和失意，體現了茫然、消沉的灰暗格調。不過，正是陀氏對社會人生的現實態度和其主觀、神秘之病態幻想的矛盾交織，使他能夠以犀利的眼光和精深的心理剖析來揭示人們內心的分裂和異化，並從人們經受的痛苦與凄慘，其輾轉反側的心理磨難與衝突，及其無所適從的精神迷誤與危機中，洞見到社會發展所潛藏的深刻悲劇意義。

易卜生在其作品中亦倡導「人的精神反叛」，要求人們「向高處去尋找出路」。他先是想從歷史上吸取行動的力量，在哲學中探究人生的宗旨和意義，後來又通過其社會體驗與感受而加深了對現實的認識。這種尋覓和求索形成了他思想上理想與現實的矛盾衝突，而這一矛盾又進而使他陷入具有神秘傾向的悲觀主義。他深深感到，社會不幸者乃靠將其精神寄托在自己明知爲謊言的希望上來維繫殘生，而一旦有人以救世者身份讓其放棄謊言、尋求眞正的拯救，卻會徹底粉碎其賴以生存的精神支柱，結果導致其眞正的毀滅和死亡。

克爾愷郭爾這位十九世紀「丹麥的蘇格拉底」，則以蘇格拉底式的「助產術」來喚醒人們認識自身所處的猶豫與徬徨、苦悶

與惆悵、悲觀與絕望之精神境遇，同時也表達了他對當時社會風行的基督教樂觀主義和唯理主義的不滿與反感。他強調人生的逆反性和詐謬性，指出任何科學、理性和知識都不足以說明人與社會的存在和發展、起伏及興衰，而那種極為淺薄的自信和樂觀實際上並沒有悟透人生的荒唐和悲劇，不知道存在的個人總會經歷一種認識上的十字架苦刑。因此，真正的基督教不需要盲目無益的樂觀情調，而應基於一種「罪的意識」，以此來內省自繩，構成其宗教虔誠、靈性敬畏和神聖崇拜。克氏在此把「罪的意識」和「神的意識」緊緊扣在一起，堅持人之認識上帝也就是走向內在的反躬自問、認識自己為罪人，若不察覺自己是罪人，也就不會真正認識上帝。

陀思妥耶夫斯基和易卜生作品中的強大現實主義和悲觀主義精神，對於感到現實幻滅的二十世紀初期新正統派神學來說，正是其夢寐以求的思想靈泉和聞之憬然的心路指南。而克爾愷郭爾曾嘗試過的那種尋求將基督教與自鳴得意的自由主義文化相脫離的努力，及其對超然上帝與罪孽世人之無限區別和鴻溝相隔的強調，更是給這些新正統派神學家深刻的啟迪和重要的教誨，引起他們在面臨現實社會危機時的情感共鳴及深沉思索。這種影響在以「危機神學」而聞名的歐洲新思潮中尤為突出，其主體思想在巴特等危機神學家的論述中佔有顯著的地位。因此，克氏曾被西方思想界譽為歐洲「新正統派之父」。

新正統派神學思潮在歐洲之所以被稱為「危機神學」，是與第一次世界大戰後在西方世界發生的危機有關。「危機神學」的主題思想是：「人們尋求神的全部努力已歸於失敗，神高居世人之上，是與人的思想毫無相通之處的『絕對的另一體』。神能夠之

也的確不時進入人間，但人卻不可能靠任何理性的思考或神秘的
修鍊而滲透神的奧秘⑰。」其主要代表，瑞士神學家卡爾‧巴特
於 1919 年發表其成名之作《論〈羅馬人書〉》，反復強調「人
的危機」和上帝與人全然相異的悲觀思想，從而奠定了「危機神
學」這一全新體系的理論基礎。由於巴特的「危機神學」率先塡
補了因自由派神學衰亡而留下的思想眞空，所以一時頗有獨佔鼇
頭、眾目所睽的轟動效應。其鮮明的危機意識曾在當時歐洲思想
界引起振聾發聵的警醒作用，並產生眾說紛紜、褒貶不一的種種
反響。對此，巴特後來曾回憶說：「當我回首這段歷程，感到自
己那時就像在黑暗的教堂塔樓中向上攀援摸索之人，企圖摸到欄
杆以穩定自身，不料卻抓住了鐘繩；驚恐之中突然聽到巨鐘在頭
頂轟鳴，而且這鐘聲已四處飛傳⑱。」

　　面對世界大戰給歐洲社會帶來的災難，巴特在各個方面都闡
述其「人的危機」之觀念。從社會現狀上觀察，他認爲俗世的弊
病已積重難返，社會危機的爆發使人世變成了煉獄、再也無法忍
受。從文化發展上思考，他感到基督教傳統正經歷著一個危機時
代，「樂感」文化變成了一片廢墟，人們早已喪盡了對它的信
心。從神人關係上理解，他承認「上帝是純然另一回事」，人與
上帝全然隔絕，「上帝是在天上，而你是在地上」，上帝高居於
無限天幕之後、隱匿在超然彼岸之中，已不再過問人間春秋之變
遷、禍福之緣起，對世人遭受的災難及其徒勞掙扎亦不加理會。
在他看來，社會的災變與戰亂是由於人自以爲神，企圖靠自我努
力而完成人生使命所招致的，世界的普遍危機正是上帝對人的懲

---

⑰ 同❺，頁126。
⑱ 同❸，頁325。

罰和否定，是對包括道德、宗教在內的一切純粹自然和人類努力與計畫的嚴厲審判。世人既有罪又有限，若要自我努力尋求解脫、窺測上帝之奧秘，則適得其反，每況愈下。上帝的那一套與世人的這一套迥然不同，「上帝之道」是以一種全新的、世人無法料想的方式來揭示自己，人們對之既不能憑知識去臆測，也不能靠智力來掌握。因此，人必須首先放棄其自我信心與把握，徹底懷疑其價值體系和標尺及其道德品質和理想。人相信自己正是人的罪，它使人不再相信上帝，從而也遭到上帝的拋棄和處罰。由此可見，巴特的「危機神學」已將歐洲新正統主義的危機思潮和悲觀情調推至極端。

三、美國社會與現實主義

尼布爾與巴特雖然同屬「新正統派」，然而，這一神學思潮在美國的興起卻有其獨自的特點，尼布爾在創立其理論體系時並沒有對歐洲新正統神學毫無批判地一概接受。由於美國在第一次世界大戰後期才直接參戰，戰爭的破壞遠非歐洲那樣嚴重，而且美國本身又在大戰後得以發展強大，形成其在世界政治、經濟和軍事上逐漸領先的明顯趨勢，因此，美國知識階層對世界的看法反映在神學思想上就不像歐洲「危機神學」那樣極端悲觀絕望，美國新正統神學的「主要特徵是它對於人與人類歷史本性的現實主義 ⑲」。這一神學既反對自由派樂觀主義、理想主義神學觀點，也反對巴特神學中人與上帝全然隔絕、毫不相干的思想和那種悲觀厭世的消極情緒。它試圖在一個更為「現實」的基礎上形成一套新的思想和體系，以關心俗世、注重現實，在現代社會的

⑲ 同❸，頁448。

混亂、危機中觀察上帝的秩序和安排，體會上帝的意志和拯救爲
其神學特色，因而被稱爲「美國現實主義神學」。當然，這一美
國新教神學思潮在對人與世界悲觀而冷靜的看法、對啓示和《聖
經》的強調、對新教正統神學的運用、對宗教改革思想的繼承和
對奧古斯丁「原罪論」與歷史哲學的闡述、以及對神學論證之「
辯證方法」的發揮上，與歐洲新正統派又有許多共同之處，存在
共同的思想淵源。它們都是在世界大戰這一歷史大變動時代中重
新從新教正統神學尋找思想武器和理論根源，用以解釋社會的動
亂和人世的命運，故被統稱爲「新正統派神學」。

鑒於社會出現的動盪與不安，美國現實主義思潮提出神學是
與當代最爲急迫的社會問題特別相關的思想領域。它採用貫串古
代基督教和宗教改革思想的那種論及人與歷史之意義的現實主義
來矯正自由派神學，對之加以觀念更新和體系純化。這種「現實
主義」認爲自己既能避免樂觀主義的幻想，又可防止悲觀主義的
幻滅。在它看來，理想主義是被精神對經驗的貢獻所感染、爲頭
腦對實際的影響所激動的「浪漫派」；而現實主義卻不被理性精
神趨之若鶩的溫情和浪漫所迷惑，它對世界環境及社會形勢的審
視雖然過於嚴峻、冷酷，但也更爲眞實可信，從而更有可能眞正
找到人世的拯救之途。

美國現實主義神學在三〇年代初開始逐漸形成，它以反自由
派神學爲其理論特點。1931 年，紐約協和神學院青年教師梵‧
杜森 (H. P. Van Dusen, 1897-) 在《明日世界》上撰文論述了
〈自由主義宗教的疾病〉❷。1933年，《基督世紀》雜誌亦刊登

---

❷ 參見 The World Tomorrow, XIV (August, 1931) pp. 256-
259.

了貝內特（J. C. Bennett, 1902- ）的文章〈在自由主義之後將是什麼㉑？〉他們對自由派神學的激烈抨擊，都集中在自由派關於人的本性之樂觀看法、以及對人之棄惡從善所抱有的主觀、幼稚之幻想。隨著美國現實主義神學的興起，湧現出一批以現實眼光觀察世界、用批評精神剖析人生的思想家，其中主要代表有尼布爾兄弟、霍頓（W. M. Horton, 1895-1966）、貝內特和卡爾霍恩（R. L. Calhoun, 1896-）等人。1934年，霍頓在其《現實主義神學》一書中曾對「現實主義」這一具有美國文化精神的新思潮及其對自由派的批判加以總結概括，此後貝內特於1941年亦發表了其有關專著《基督教現實主義》。

現實主義神學不僅反對自由派神學所表現的那種「理性的驕傲」，同樣也反對正統神學中所沿襲的教條主義信仰。世界大戰使不少人絕望，其持守多年的傳統宗教信仰也隨之被棄。但現實主義神學卻強調，正是在這種世界動亂的形勢下，才能使基督教看來更為真實可信、更與世界息息相關。它預言世界大戰及其後果將導致西方基督教思想的革命，打破其發展上因囿於傳統而陷入的僵局，從而給人們的宗教思想和生活帶來深刻的變化。它勸人們重新認識《聖經》，再次尋求把上帝的觀念作為哲學的中心，因為這一觀念雖然在人類思想發展的長河中不時被遮掩，卻始終作為其核心靈魂而體現在柏拉圖主義、亞里斯多德主義、笛卡兒理性主義、近代浪漫主義、康德主義、黑格爾主義、人格主義以及各種現代精神之中。它還認為，在現實世界中基督教各種存在本身就是上帝觀念普遍性和完善性之令人信服的證據。上

㉑ 參見 J. C. Bennett: *After Liberalism—What*? The Christian Century, L (Nov. 8, 1933), p. 1403.

帝並非對人世撒手不管，相反，冥冥之中充滿神意，仍有上帝的
精心安排。而美國的迅速崛起及戰亂之中世界秩序又得以重建，
也使人們感到沉淪之中尚能昇華，絕望之中仍有希望；雖然時局
風雲變幻、撲朔迷離，卻可從中窺見神意之必然，察覺上帝之拯
救。因此，現實主義神學力圖在超然與現實之間的詭謬中既揭示
一種張勢，又找出一種呼應。

現實主義神學這種「先知」般的洞見引起了人們的注意和傾
聽，然而它在美國社會的成功和達到高潮卻與三〇年代美國政治
變革和經濟復甦密切相關。三〇年代初，西方經濟因戰爭後遺症
而尚未恢復元氣，仍是一派蕭條、淒涼之景。到1933年時，持續
了四年之久的美國經濟危機已使其社會局勢極為惡化。許多工廠
停工，農業空前衰落，不少銀行關門，證券交易所的股票停止流
通，整個商業也一片凋敝，美國失業工人已達一千七百多萬人。
在這種情況下， 勞、資雙方鬥爭尖銳， 國內矛盾重重，「美國
的整個經濟結構和政治結構都已經走到了盡頭㉒」。為了扭轉局
勢、 擺脫危機， 美國政治家和經濟學家開始調整政策， 推行改
革。在1932年美國總統競選中， 羅斯福 (F. D. Roosevelt, 1882-
1945) 宣布了他的施政綱領：「我向你們保證，我保證要為美國
人民實行新政㉓」，以使這個國家的現行經濟體制適合於為其社
會及公民服務。羅斯福大選成功，擔任總統後，馬上根據英國著
名經濟學家凱恩斯 (J. M. Keynes, 1883-1946) 的理論，在美
國著手實行政府干預企業和農業，保證社會福利的「新政」。按

㉒ 參見 F. D. Roosevelt: *On Our Way.* New York, 1934.
　 p. 5.
㉓ 同❶，頁171。

照凱恩斯的經濟學說，進入壟斷資本統治階段之後的經濟制度已不再具有社會自行調節的功能，因此政府有必要執行「國家調節」的政策，積極干預企業主的業務活動，給他們以相應的補助，同時也樹立起對生產和市場的監督、管理。於是，羅斯福政府在1933至1934年和1935年曾兩次大刀闊斧地實施「新政」，主要在銀行、工業和農業這三個基本經濟部門內採取各種措施，其重點放在拯救已陷入解體狀態的銀行系統之上，輔以救濟饑餓貧窮者、減輕失業現象、幫助破產農民和小業主渡過難關等社會福利政策。這樣，當時被稱爲「銀行休業，節約開支，三點二啤酒❷」的「新政」措施，竟在緩解社會矛盾和消除經濟危機中發揮了巨大作用，使美國經濟生產得以奇蹟般的恢復和發展。這種經濟形勢的好轉，自然給美國思想界和輿論界也帶來了變化。因世界大戰和經濟危機而陷入絕望、悲觀境地的人們感到有了一線生機和希望。他們雖仍畏懼人生歷程之迷霧繚繞、跌宕坎坷，卻已覺得有路可尋、有徑可闢，甚或亦能找到那踰越無底溝壑之橋樑。而思想界出現的新局面、新氣質，也是現實主義、實用主義的：雖悲嘆，但不絕望；雖發愁，但有追求；雖覺命運難測，但重現實處境；在「不可能」之中力爭「可能」，在「有限」之中領略「無限」與「永恆」。

正是在這種環境下，尼布爾那「帶有悲觀情調的樂觀主義」思想逐漸成熟，他針對歷史動亂和社會現狀所發的中肯、實在之神學議論引起了美國公眾的普遍注意。布龍納曾說：

---

❷ 同❶，頁190。

當尼布爾將其思想從神學語言轉換成習用於文化和社會批評的哲學語言，並用其預言家的精神使之豁然貫通時，他已從辯證神學中創造了某種全新的、真正美國的東西。在他手中，新的神學觀念被用來清晰明確地展示現代文明精神和社會模式，並暴露它們的根本缺點和錯誤。憑其處理文化史之抽象問題的超凡能力，他成功地把社會事實、文化原則和精神傾向與基督教信仰的教誨及關注相聯繫，因而闡明了現代世界和基督教信仰二者的本質。隨著他，神學闖進了世界，它不再與世隔絕。而文學家、哲學家、社會學家、歷史學家，甚至政治家也開始對之傾聽，神學再次成為一股必須加以認真考慮的精神力量。㉕

　　羅斯福政府實行「新政」，挽救美國政治、經濟之際，亦是尼布爾最終確立其思想體系的關鍵時期。「新政」的巨大成功及明顯效用，使尼布爾在經濟秩序和政治策略等問題上產生了深刻的思想變化。他在經歷痛苦反思後終於「與作為一種制度的社會主義決裂」，而把「新政」「作為美國創造性革命的典範來接受㉖」。他認為「新政」帶來的美國經濟復興和發展動力給他提供了一種不同於社會主義典範，卻又行之可能的更佳選擇。「新政」的成功與那種按照西方危機乃不治絕症之邏輯所推出的憂鬱結論形成截然相反的鮮明對比，這促使尼布爾重新檢查自己的政

㉕ 參見 Charles W. Kegley and Robert W. Bretall (eds.):
Reinhold Niebuhr: *His Religious, Social and Political Thought*. New York: Macmillan, 1961. pp. 28-29.

㉖ 同㉕，頁74。

治主張和理論前提，徹底擺脫曾使人迷惘、沮喪、消沉和無所作爲的歐陸悲觀思潮之陰影，走出那種似是而非之理論觀念的誤區。此後，尼布爾曾在《基督教與社會》雜誌上一篇題爲「我們需要一個埃德蒙‧伯克」的社論中高度評價「新政」說：「這確實是非常值得重視的革命，它在其後果上或許要比歐洲某些大肆宣揚的革命更爲激烈❷。」在他看來，「新政」成功的理論意義，就在於它增強了人們對社會加以「相對」改造的信心；在人世的罪惡和不完善中盡可能達到相對的完善和公義，這就是人生的意義和旨趣所在。爲了避免社會人生的總崩潰，他勸導人們放棄烏托邦式的幻想，選擇一種「新政」類型的解決辦法。他深深感到，只有如此立於極爲實在的基石上來思考和行動，纔有可能擺脫因好高鶩遠的幻想和悲觀絕望的幻滅所造成的與現實社會之格格不入，樹立起嚴肅、認眞、穩健、切實的人生態度。

　　對於「新政」實際意義和理論意義的揣視揣量及最終達到的心領神會，使尼布爾在1944年美國總統大選中第一次投了贊成羅斯福及其民主黨的選票，並且積極爲美國政治出謀劃策，對其得失加以指點評述。同樣，正是在兩次世界大戰這樣嚴酷的時代氛圍和社會背景中，尼布爾形成並確立了其影響深遠的現實主義人生哲學、歷史哲學和政治哲學體系。

---

❷ 埃德蒙‧伯克（Edmund Burke, 1729-1797）：英國政治家和政治思想家。引文參見❷，頁75。

第三章　人生哲學

一、對西方人生觀的審視

　　探索人類本性和命運，既源遠流長、亙古常新，爲人類永恆之主題；又朝暮相觸、隨遇而發，乃人生現實之考慮。千百年來對「人是甚麽」和「人爲甚麽如此」之問答總是似清晰卻又朦朧，似簡單卻又複雜，似具體卻又抽象。從西方思想發展史來看，人們曾從客體來認識人、研究人，把人等同於「物」或異化爲「神」，以天地一體、萬物同類之審視來外在化地考慮，並闡述人和宇宙之整合與客觀世界之共存；也曾從主體來理解人心，將世界化入「小我」，把「神」體會爲靈心，藉此窺探自我與森羅萬象之奧秘；或者主、客體結合，互爲照應，以各種方式和途徑來探討人生之謎。綜括古今西方世界的人性之思，尼布爾歸納出三種迥然相異的人生觀：一是古代希臘的悲觀主義人生觀；二是近代西方的樂觀主義人生觀；三是承認「原罪」的基督教人生觀。根據對這三種人生觀之區別、優劣、及其歷史關聯的比較鑒別，他進而闡明了基督教人生觀在西方思想領域中的核心地位和現實意義。

1.古代希臘的人生觀：

　　尼布爾認爲，這種古典人生觀對於人性的認識具有兩種傾向，一是對人之「心智」意義的強調，而另一種則爲對人之自然

「物性」的堅持。在他看來，柏拉圖（Platon，前 427-前347）、亞理斯多德（Aristoteles，前384-前322）和斯多亞派一致把人的獨到之處歸於其理性才能，卽人的「心靈」（Nous），從而代表著前一種傾向。「心靈」一詞之本意卽著重於人的「理性及思想能力」。亞理斯多德所理解的「心靈」乃是「純粹心智活動的工具」，它作爲一個普遍不滅的原理從外面進入人身，其中只有那別於且低於「主動」的「被動」成分才使之暫時順服於具有形骸的有機體。而柏拉圖則把「心靈」視爲「靈魂」中的最高尙成分，位於其「精神成分」和「慾求成分」之上。由此可見，在柏拉圖和亞理斯多德兩人的思想體系中，「心智」與身體截然分開，它作爲統一和調理的原則而起著使靈魂的生命成爲和諧之樞機作用。所以說，他們兩人有著一種共同的唯理主義和一種共同的二元論，其唯理論視人之理性與上帝同一，從而導致人之「神化」；其二元論以人的肉身爲「惡」、人的心智爲「善」，從而導致身心的對立與逆反。斯多亞派雖主張一元論和泛神哲學，但在理解理性之意義上卻與柏拉圖和亞理斯多德有著許多共識。該派哲學家們認爲理性不僅表現在宇宙的過程中，而且也存在於人的心靈與身體之中。斯多亞派認爲人從根本上來說乃是理性的，因而亦屬於強調心智意義的前一種傾向。尼布爾指出，「這種身心兩元論及其對身心的評價是與《聖經》的人性觀迴然不同的，對後來的一切人性說有極大的影響。《聖經》上則根本不知善的心智和惡的身體之說❶」。

---

❶ 尼布爾：《人的本性與命運》中譯本（謝秉德譯），香港，基督教輔僑出版社1959年（基督教歷代名著集成第三部第八卷），頁7。

　　古典人生觀的後一種傾向以德謨克利特（Demokritos，約前460-前370）和伊比鳩魯（Epikouros，前341-前270）爲代表，其唯物論用宇宙之內蘊理性乃機械必然性的觀點來解說人性，其結果是歸於自然主義，視人爲自然之子。這一傾向堅持人性中獨具的理性仍不超乎自然之外，它乃自然的一部分，因此可按其物性而得以解釋。

　　尼布爾察覺這兩種傾向的共同特點，乃是都對人生的短促和必然喪亡持一種悲觀態度，視人在塵世的歷史不過是一串連續的圓圈和無窮的際會而已。人乃棲息於世界之萬物中的最可憐者這一悲觀看法及抑鬱情調貫穿於古希臘思想的始末，其原因在於希臘哲人深感人雖具有理性靈光卻不一定能得到理性，人雖尋求智慧卻往往仍爲愚者。因此，人的憂悶抑鬱乃是與其俊才大志相伴而來，這種對於失落的敏感及鬱悶既不會因柏拉圖的永生保證、也不會因伊比鳩魯的悟透死亡而得以消除。相反，其唯理論在出世超越中扼殺了人生意義，而其唯物論則在自然循環中使之歸於淪亡。

　　與此同時，尼布爾又提醒人們，古希臘悲劇中所展示的悲觀卻與其哲學上的悲觀有所不同，而幾乎與基督教對人生的看法相似。不過，這些悲劇提出了問題卻沒有找到答案，未達到基督教思想所具有的深邃悠遠。希臘悲劇反映出人之生機既有創造又有破壞，「人類歷史的悲劇正是因爲人類不能創造而不同時破壞❷」，「所以按照希臘的悲劇立場，人生的本身即是一場戰爭❸」。這種矛盾與衝突來自人生慾求之僭越，乃人之精神在表達自身時

────────────

❷　同❶，頁9。
❸　同❶，頁10。

常有的「驕傲」和「自愛」。而人之驕傲因其在歷史中的創造作
爲又不可避免。

> 希臘悲劇中的主角常被忠告要記得他們是凡人，須謙遜自
> 抑才能避去「災禍」。……悲劇中的主角之所以成爲主
> 角，正是因爲他們不顧那謙遜自抑的忠告。在這一層意義
> 上，希臘悲劇足以表明尼采的說法：「每一個工作的人都
> 是過份地愛他的作爲；而最好的作爲都由極端的愛而來，
> 那是它們所不配有的，即令它們都是大有價値的。」❹

其悲劇性就在於這些人雖心比天高卻命似黃連，但値得玩味推敲
的是，人們往往不以成敗論英雄，對於這些敢違背神意、反抗命
運的悲劇主角總是抱有羨慕和憐憫之情。尼布爾進而指出，希臘
悲劇中的衝突雖出現於神祇之間，卻與人世中的衝突本質相同，
二者都表現爲秩序、綱紀與生機、慾求之間的衝突。這一衝突無
法解決，實際中的解決辦法總是極爲悲慘或令人遺憾的，因爲「
人事中的創造作爲只有付出擾亂秩序的代價才能達到❺」。所以，
尼布爾深深感到，近代人在提倡人之作爲時雖然自認爲恢復了希
臘古風，卻未曾見到問題的嚴重方面，並幾乎完全忽略了希臘悲
劇所揭示的教訓。

2.近代西方的人生觀:

對於近代西方的樂觀主義人性論，尼布爾認爲它乃古希臘羅

---

❹ 同❼，頁10。
❺ 同❶，頁10。

馬與《聖經》人生觀之混合和嬗變:

> 一切近代的人性觀，都是由修改或混合兩種原來不同的人
> 性觀而構成的。這兩種人性觀，即是古典希臘羅馬之世
> 的，與《聖經》上的人性觀。這兩種觀點不但顯然有別，
> 且有一部分是不相符的，卻在中世紀的大公教思想體系上
> 聯在一起了。這一個聯合體系的完全表達可在阿奎那將奧
> 古斯丁及亞理斯多德兩大思想體系的綜合中見之。❻

然而，西方樂觀主義人生觀的基礎並不牢靠，因為近代文化的歷
史乃導源於這個綜合思想的崩潰與解體。它的真正毀滅肇端於唯
名論的發生，完成於歐洲文藝復興和宗教改革運動。一方面，文
藝復興滌濾、整理出其中的古典成分，使之重見天日、發揚光
大；另一方面，宗教改革運動則使《聖經》觀點與古典成分涇渭
分明，重新認定《聖經》的真理，確立《聖經》的權威。這樣，近代
文化變成兩種相反人生觀的角力場所，其衝突很難得以調和。新
教自由派思想全力以求的，正是要將這兩種成分再次聯結起來，
但這一努力實際上已宣告失敗。

由於近代西方人生觀的多元根源和矛盾組合，遂造成其觀念
本身和理論體系上的種種困難與混亂。尼布爾認為，這種矛盾
和混亂，大體包括唯理論自身具有的理想主義與自然主義之間的
衝突，以及理性主義與浪漫主義之間的衝突。

理想主義和自然主義的彼此矛盾在文藝復興運動中就已存

---

❻ 同❶，頁5。

在。前者反對基督教的自卑觀念，不承認人乃「被造之物」和「罪惡之性」的說法，其思想家堅持人之自我意識的無限、人之心智的偉大，以及人之存在的積極有爲。後者則強調人之天性上的差別，反對基督教以人爲「上帝的形象」之說，希望能從人與自然的關係、人在自然中的位置上來了解自己，弄清自然中的理性與人心中的理性有何關聯。

尼布爾分析說，近代性的矛盾表現在各個方面：

(1)從認識論方面而言：以笛卡兒（R. Descartes, 1596-1650）爲代表的近代唯理主義從純粹觀念上去看人、從機械運動去看自然，結果在二者之間無法找出其有機連繫。

(2)從社會史方面而言：對人之本性的這兩種極端對立觀點，既表現了中產階級思想上的游移不定和萎靡頹廢，又反映出資本主義自然觀所固有的內在矛盾和結構失調。

(3)從中產階級思想頹廢上來看：「中等階級最先有了認爲人的心智有駕凌自然的無限能力的觀念，然而這觀念亦有毛病。中世紀的人原來對自然有一個最後立場，按照那立場，他雖然在實際上承認他對自然的依賴，但在靈性上卻是得以超越自然的；中等階級既毀滅了這立場，就只能以自然的可靠性和寧靜不變爲依歸❼。」

(4)而從資本主義內在矛盾上來看：「近代資本主義同時表現這兩種態度，資本主義的精神乃是一種不虔敬的掠奪自然之精神，認自然爲萬有寶藏，它可保證人認爲是美好生活所需的一切。人可以支配自然，然而資本主義的社會組織，至少在理論上

---

❼同❶，頁18。

依存於一種純樸的信仰上，認為自然支配人類，自然中所預先建立的和諧，可以防止人類前途的任何嚴重災禍❽。」

唯理主義與浪漫主義之間的衝突，則在於後者認為人的本質表現為一種生機，那種呆板的理性與機械的自然都非對人之本體的恰當解釋。然而，基於生機論的人生觀往往導致不切實際的烏托邦空想或唯意志傾向的瘋狂行為。其作為生存支點的種種確信實質上充滿矛盾，而其用以解決問題的所有假設也基本上無濟於事。尤其令人不安的是，「理性主義者與浪漫主義者中間的衝突已經成為今日最嚴重的問題之一，可以發生各種宗教及政治的困難❾」。

凡此種種，使近代西方人生觀不能給人帶來思想上的確信和心靈上的依賴，人們生活在錯綜複雜的矛盾與衝突之中感到無所適從。

> 近代的人不能決定他到底要從人的理性獨到處來了解自己，或是從他與自然的親密關係上來了解自己；若是從後一觀點的話，又到底是自然的秩序和寧靜，或是從自然活力，才暗示著人的本體。❿

近代人生觀對於人之「個性」的認識同樣有著其先天性矛盾。文藝復興運動要建立起人的尊嚴與自由，企圖以人之心靈自由和獨立個性來反對基督教的預定論，但它不知道「個性」觀念只是

---

❽ 同❶，頁18。
❾ 同❶，頁19。
❿ 同❶，頁19。

在基督教的土壤中才能產生的花朵。它以強調人之獨到地位和靈
性自由來向基督教宣揚的那種軟弱而依賴性的人性觀挑戰，卻不
能眞正確立爲其所珍視和憧憬的理想個性觀。事實上，近代中產
階級夢寐以求並曾爲之奮鬪過的個性主張，已在近代歷史發展洪
流的衝擊下蕩然無存。這是因爲：

> 個性觀一部分乃是基督教的遺產，另一部分則是中產階級
> 的個人脫離了歷史和傳統的中世紀的各種拘束而產生的。
> 這中產階級的個人以爲他是本身命運的主人，對於古典及
> 中古人生的宗教上和政治上的各種結構，感到不耐。……
> 中產階級的人於建立個性後，又立刻破壞中古的文化結構
> 而將個性喪失了。他發現了他自己爲技術文明的設計者，
> 這種技術文明產生了一種奴役人的，使人更加互相依存的
> 機械的集體活動，那是農業經濟所未曾有的。而且沒有人
> 能夠完全獨立成爲中產階級的個人主義所假想的個人，不
> 問是在土地經濟中以有機的方式而存在，或是在技術文明
> 中以機械方式而存在。⓫

　　此外，近代人生觀一致反對基督教關於人乃「罪人」的傳統
觀念。近代人所具有的這種「自安的良心」，或是因爲其相信人
的理性能力可使人脫離罪惡，或是基於人的自然屬性可使之返樸
歸眞之說，認爲人可脫離靈性生活的掙扎、紛擾而返回自然中的
和諧、寧靜。

　　⓫ 同⓫，頁20。

　　綜上所述，尼布爾認爲這種近代人性論的特點，即在對待人類罪惡問題上持樂觀態度：近代理想主義反對基督教以人爲受造之物和罪人的說法，而近代自然主義則反對基督教以人爲「上帝的形象」之說，「理性或自然的人都被認爲本來是善良的，人所必需的只要他或從自然的紛亂上升而進入心智的和諧，或從靈性的紛亂下降到自然的和諧，藉以獲得拯救⓬」。

　　近代樂觀主義「在進步觀念中」解釋人生，把人生意義或是歸於自然本身的內蘊力量，或是歸於理性的逐漸擴張，或是歸於「僧侶階級」、「階級分裂」與「暴政」等惡勢力得以剷除，卻無法找到人生的眞實意義。理想主義因側重於人的自由和超越能力，而在理性概念的普遍性和毫無區別的神之集權性中喪失了個人，自然主義則使個性湮滅在純自然的「意識之流」或純社會的「運動規律」之中。

　　據此分析，尼布爾深感古代悲觀主義和近代樂觀主義都已走向極端，古代唯理主義和近代理想主義是走向片面強調人的心智理性、否定人的自然屬性、堅持出世或超越的極端，而古代自然主義和近代浪漫主義則走向片面強調人的自然屬性、否定人的靈性或理性、拋棄人的一切超越可能性的極端。而且，近代關於個人及人類進步的樂觀態度也引起了悲觀的反應，從而使古代與近代的各種人生觀終又殊途同歸，共陷於迷惘之中。例如，霍伯斯（T. Hobbes, 1588-1679）的機械自然主義和尼采（F. Nietzsche, 1844-1900）的浪漫自然主義都是徹底的悲觀主義。他們因對人生的悲觀看法而形成的卑劣人生觀和虛無主義，已給現代思想及

⓬　同❶，頁22。

政治造成了種種不良影響。所以，尼布爾斷言，鑒於這些人生觀呈現出的自相矛盾，足以證明它們離眞正解答人生問題尙相距甚遠。

3.基督教的人生觀:

在尼布爾看來，基督教的人生觀雖然表面上爲近代西方文化所拒絕，但它對於人生意義之探究、人性價值之衡量卻有著潛移默化的影響，而且是消除近代文化混亂的「一個可能的光明泉源」。因此，只有基督教才能對人的問題作出眞正的解答，也只有基督教的人性觀才是唯一正確的。尼布爾曾論及自己寫《人的本性與命運》一書的目的之一，就是要「分析基督教中罪的觀念，並解釋基督教所表明的不安之良心❸」，以此證明「對於人的本性和命運的近代解釋與古代理想主義的解釋既非常不同，但又非常相似，而聖經的人生觀則都要高於古代和近代的觀念❹」。

首先，基督教的人生觀以堅持「人在身靈雙方都是被造和有限的❺」爲前提。尼布爾指出，基督教所強調的人格中之「身」「靈」一致，乃是理想主義和自然主義所未曾領會的。理想主義以「心靈」之善和永恆來與「身體」之惡和短暫相對立，自然主義則以「自然」爲人之善、以「靈性」或「理性」爲人之惡。而基督教的人生觀正是以其信仰的一元論克服了上述二元對立的極端傾向及其錯誤觀念。這種人生觀洞見到人之本質的獨特和隨

---

❸ 同❶，頁16。
❹ 參見 C. W. Kegley and R. W. Bretall (eds.): *Reinhold Niebuhr: His Religious, Social and Political Thought.* p. 9.
❺ 同❹，頁11。

之而有的矛盾衝突，因此一方面提出人比自然萬物具有更高的地位，另一方面又對人之有限及其罪惡持有更爲嚴重的看法。正如尼布爾所言，人之獨特及其矛盾就在於：

> 人是站在自然與靈性的交叉點上。他的靈性自由使他打破自然中的和諧，而他的靈性驕傲阻撓他去建立新的和諧。他的靈性自由使他能夠富有創造性地來運用自然的力量和過程；但他之不肯遵守他的有限地位，使他與自然和理性之制裁及儀形相左。人的自我意識乃是一個縱覽大千世界的眺樓，而人卻妄以爲那眺樓卽是世界，而不是一個建立在不安穩的流沙中的狹窄眺樓。**⑯**

由此而論，只有這種對人的兩種特性都加以認識而產生的眞知灼見及其理論框架，才可能是全面、完善的。

其次，基督教的人生觀強調必須從「上帝的觀點」去了解人，而不應從人之理性的獨到才能或人與自然之關係上來解釋。尼布爾明確表示，「我們討論人生問題時是以基督教信仰上的解答爲根據的⑰」，「從基督教的信仰觀點來說，那具有意志和位格的上帝乃是眞個性的唯一可能之根基，……基督教對上帝自我啟示的信仰，以基督的啟示爲登峯造極，這種信仰爲基督教的人格觀和個性觀的基礎⑱」。之所以採取這種信仰立場，是因爲上帝的觀念超越理性規律和自然規律，不能爲「心」與「物」、意識與

---

⑯ 同❶，頁16。
⑰ 同❶，頁299。
⑱ 同❶，頁13。

空間的相互矛盾所限。而從宗教的角度來看，囿於理性反映了一種有限和拘束，「這種依靠著超理性的假定為根據的基督教信仰，一旦要從理性上來闡明時就立刻發生危險」，因為理性想把萬物都歸於己，以其原則來統攝萬有，「它的極自然的傾向乃是使它自己作為最後的原則，其結果是宣佈它自己為上帝 ⑲」。因此，不能從人的理性才能，而只能從上帝的觀點出發去理解人的本性。同樣，從人自身的角度來看，人的靈性、精神具有超越性，它已超越自己的理性過程，所以也不能以理性為其人生意義的原則。這種超越本身和世界之外的自我「不能在它本身或在世界上找著人生的意義 ⑳」，對於身處人生之錯綜複雜中的靈性個我來說，上帝是唯一可以束縛他的權威。只有從上帝的永恆來解釋人生，個人才能正視挫敗，維持個性和信心。基於這一分析，尼布爾強調，認識人生應以基督教對終極與人類關係的解釋為依據，持守這種信仰態度。

此外，基督教的人生觀認為其對人之個性極為獨特的信仰假設既有超然意義又有現實意義。由於人的存在乃是於「超然」與「內在」或「昇華」與「沉淪」這兩個彼此相誖的層次中游離和變動，因此對其個性若無特殊的假定就很難講清人的本性與命運、闡明人生的微妙和意義。基督教的個性假設充分顧及到人的兩難處境和由此而產生的緊張度勢，所以說：

> 純全的個性只根據宗教的假設才能維持，這宗教的假設一
> 面能將人的個性與歷史上一切有機體及社會糾紛，予以恰

---

⑲ 同❶，頁11。
⑳ 同❹，頁13。

當的顧及；另一面也顧到個性達於最高的自我超越性時，
對社會與歷史的究竟超越。將人視為被造之物，同時也是
上帝的兒女，這種奇妙說法，乃是個性概念的必要假設，
只有如此的個性觀，才能維持自己的立場，不為歷史的壓
力所顛覆，同時方能實際地顧及社會的有機性。㉑

　　根據基督教信仰的這種教誨和啟迪，尼布爾在分析及闡述人生問
題時，始終把《聖經》信仰與人世實際處境相聯繫，憑藉這部傳
統經典的靈性之光來審視人類本性和其歷史所表現的嚴酷現實，
尋覓實際可行的人世拯救與超越。

　　這樣，尼布爾所代表的新正統派觀念就不會偏離教會的正統
教義，而其現實主義神學理論則體現為一種當代意義上的基督教
護教論。通過分析西方文化傳統中古代、近代的各種人生觀，他
重新肯定並確立了基督教信仰傳統的永恆價值。與古典悲觀論及
近代樂觀論不同，他認為基督教的人性論反對將人加以「心」、
「物」二元的截然劃分，卻強調人類身靈共有的兩重性，以及它
所導致的一種張勢和選擇。他指出，人在本質上具有「上帝的形
象」，卻又為受造之軀，這種特性使人的存在陷入詭謬之中，帶
來了人的追求、反抗、掙扎、痛苦，而人在其榮耀與不幸之間也
往往彷徨於人生的十字路口，舉棋不定、猶疑不決。但從總的趨
勢來看，人的自由意志選擇了犯罪，結果使神人分裂，罪惡成為
人和世界的根本特性。

㉑ 同❶，頁21。

二、人之存在的詭謬性

人的問題往往使人自身百思不解、徒添煩惱。尼布爾在其《
人的本性與命運》中曾開宗明義，指出人之自我認識的矛盾與困
惑：

> 他對自己的身量、德性，和他在宇宙中的地位的每一肯
> 定，若加以充分分析，都含著矛盾。其所冀圖肯定的各
> 點，都由分析中露出一些否定的意味來。㉒

由於人性的複雜層面和人生的豐富經歷，人們習以爲常的單向思
維在此已捉襟見肘、處處碰壁，陷入難以自圓其說的困境。因
此，了解人生的多樣和人情的多變之現象，並窺測其根本原因，
已是弄清人之本性的關鍵一步。從這種新的考慮出發，尼布爾描
述、分析了人之個性、動機和慾求的五光十色，以及人類社會羣
體中道德、利益與權力之間關係的複雜多樣，認爲「人之所以爲
人的事實之一，就是人的生命力可以無限多樣地詳盡表述，……
超越其自然屬性並無限論證其歷史存在，這正是人的本性㉓」。

爲此，尼布爾既不同意霍伯斯關於人性本惡、人在自然狀態
中互相爲敵㉔，以及叔本華（A. Schopenhauer, 1788-1860）關

㉒ 同❶，頁1。

㉓ R. Niebuhr: *The Children of Light and the Children of Darkness.* New York: Charles Scribner's Sons, 1944. pp. 77-78.

㉔ 尼布爾認爲，在霍伯斯的學說中，「個人只具有動物的本性，他們的自我只是一種生存的衝動而已。」參見❶，頁 67-68。

於人之命運悲慘殘酷、人之存在痛苦可憐的那種悲觀主義看法，也不同意近代烏托邦思想關於人類理想社會的那種樂觀主義見解。他反對把人解釋爲純客觀的自然之物或純主觀的靈性精神這兩種極端傾向，因爲二者各自既能得以證實，又可被證僞，從而構成一組二律背反。例如，若是僅僅強調人的精神與理性之特徵，那麼人所固有的慾求、貪婪以及野蠻本性則提出了反證；但如果堅持人處處都是自然的產物，不會超越其自然環境，那麼人所表現的思慕上帝、追求無限，或自比神明、非分幻想等舉動卻對其加以揭露和反駁。此外，如果相信人的本性純然爲善，把一切罪惡都歸咎於具體存在的歷史和社會原因，同樣也會露出疑竇、自相矛盾，因爲細心的觀察研究可以發現這些原因本身已是人性固有之罪所引起的必然結果；而若由此斷定人性毫無美德可言，那麼這種評斷本身就已不攻自破，在人之道德存在現實中無地自容。總之，無論持守哪一極端觀點，都無法解說這兩種互相排斥但又同樣眞確的人之現象。針對歷史上眾說紛紜、複雜多樣的人性界說，尼布爾慧眼獨到、力排眾議，指出這種認識論上的矛盾混亂歸根結柢源自人之存在本身的詩謬性，並認爲弄清這一「人之詩謬」就可使那令人困惑迷離的人性問題迎又而解。

　　論及人之存在的詩謬性，尼布爾非常喜歡引證和闡述帕斯卡爾（B. Pascal, 1623-1662）的論說，將之視爲自己人論學說的思想先驅之一。他對帕斯卡爾關於人既偉大又渺小、既強健又軟弱、既光榮又悲慘、既崇高又卑微的深刻見解心領神會、推崇備至，認爲帕氏對人之奧秘的體悟乃找出了人性的眞諦。從存在意義上講，帕氏把人視爲自然界中最奇妙的對象，其生存的特徵就是一個肉體和一個精神不可思議的結合。從自然地位上看，帕氏

認爲人是無和全之間的一個中項，「對於無窮而言就是虛無，對於虛無而言就是全體❷」。而且人距離這兩個極端都是無窮之遠，並無法窺測二者的神秘。從靈性價值來衡量，帕氏強調人的全部尊嚴就在於思想；人是一根「能思想的葦草」，雖然一口氣、一滴水就足以致人於死命，但人知道自己會死亡和宇宙對之所具有的優勢，因此遠比宇宙高貴，而宇宙對此卻一無所知；宇宙以其空間囊括並吞沒了人，人卻以其思想囊括了宇宙❷。從自我意識來觀察，帕氏指出人的認識使自我感到既偉大又可悲；人希望眞理，在自身卻只能找到不確定；人追求幸福，卻發現自我面臨的只是可悲與死亡；而人之理性所具有的光明愈多，所看見的人之偉大和卑賤也就愈多；誠然，認識自己可悲乃是可悲的，但能認識人之所以爲可悲卻是偉大的❷；這種矛盾還表現在人若揭示了自己的可悲便認識了可悲，藉此光榮化了自身，而「人的最大的卑鄙就是追求光榮」，但它本身又正是人的優異性之最大標誌❷。面對人的詩謬存在，帕氏有著極爲複雜的心境和無限的感嘆：

　　人是怎樣的虛幻啊！是怎樣的奇特、怎樣的怪異、怎樣的混亂、怎樣的一個矛盾主體、怎樣的奇觀啊！既是一切事物的審判官，又是地上的蠢材；既是眞理的貯藏所，又是不確定與錯誤的淵藪；是宇宙的光榮而兼垃圾。❷

---

❷　帕斯卡爾：《思想錄》，商務印書館1987年，頁30。
❷　同❷，頁158。
❷　同❷，頁175。
❷　同❷，頁176-177。
❷　同❷，頁196。

正是帕氏對人的這一詭謬實存之態的精闢論述，直接啟迪了尼布爾對人性本質的剖析和對現實人生的勾勒。

　　尼布爾指出，人之詭謬及複雜就在於人是自然與精神二者的非凡結合，人作為大自然的產物受著自然本身的束縛，而人作為靈性存在又具有超越自然的能力及自由。人的獨特性，正反映在人的本性上這種自然受造性與自我超越性之間的緊張局勢和逆反向度。

　　　　顯然的一件事乃是人為自然界的赤子，屈服於自然的興衰中，為天然的必需條件所窘迫，受自然的衝動所驅使，限於自然所許可的年限之內，因各人的體質不同稍有伸縮，但自由卻不太多。另一個不如此顯然的事實乃是人為靈性，他可以超越他的本性、生命、自我、理性以及宇宙之外。❸⓿

這種二重性使人的存在處於極為矛盾的氛圍之中，形成理性邏輯難以界說和解釋的詭逆及荒唐，並由此造成人性實在與人類歷史的分裂和無常。隨著靈與肉之雙曲線起伏跳躍的複雜人生往往會游移不定、變幻莫測，從不限於某一理論框架的規定，也不被任何價值形態所完全捕捉，正如尼布爾所言：

　　　　在人類本性結構中，除其動物的基礎，人在不同程度上改變這一本性的自由，以及在各種改變和其原始「本性」的

---

❸⓿ 同❶，頁3。

美化中自然與精神的統一之外，沒有甚麼絕對不變的。 **㉛**

不過，承認人之存在的二重性和詩謬性，絕非宣稱人對其本性及命運持相對主義或虛無主義的無所謂態度。與之相反，尼布爾認爲人在這兩種存在中都是認眞的、都有其執著的追求。

　　既然人是兩個世界的公民，他就不可能擔當得起在任何一個世界中放棄其公民權的責任。他必須旣作爲自然的孩子、又作爲「絕對」的僕人來決定自己的命運。**㉜**

因此，尼布爾覺得基督教人生觀的感人魅力，就在於它審視人生時旣認眞考慮人的受造性，又充分注意人的自我超越能力，旣不持守某種偏激、單一的傳統俗見，也不採取放任、隨意的虛無態度。而且，基督教信仰正是通過人之自我超越這種獨特能力的顯現而在人中間辨認出「上帝的形象」，看到了人能獲救的希望。根據基督教的思想原則，尼布爾在其人生哲學體系中曾對造成人之存在詩謬的二元傾向分別進行了深入探究。

　　一方面，人作爲自然受造物，其本性「包括一切天然的稟賦和決定條件**㉝**」，具有被動、拘束、受到限制、軟弱無能、生存適應等屬於自然程序上的諸品性。人乃自然界之內的生命，參與了自然生長的全過程。「他受著其性別和種族侷限、地理與氣候

㉛ R. Niebuhr: *Faith and History*. New York: Charles Scribner's Sons, 1949, p. 183.

㉜ R. Niebuhr: *Does Civilization Need Religion?* New York: Macmillan, 1927, p. 186.

㉝ 同❶，頁 265。

條件，以及人自身生物本能之主要衝動這一切自然必要性的支配
❸。」於是，人被侷限於時空形體之內，離不開其本能衝動和生
理過程，對自然規律和歷史命運亦無能為力。人作為「自然之子」，
同自然萬物一樣受到自然法則和因果關係的制約，其生存方式和
活動範圍受限於自然界的既定形式。因此，人的發展成長都不過
顯示出自然界的生命形式和生存狀況，從這一意義上來看，人不
可能超越自然；其本能與衝動、獨特與優傑，亦可用自然標尺來
衡量。 另外， 人的自然受造性還表現在與其生存本能密切相關
的人之自私、邪惡等特徵上。這裏，人也沒有擺脫「弱肉強食」、
「物競天擇、適者生存」的自然生命之發展規律。由此，人乃生
性邪惡、利己，人生中觸目驚心的自私貪婪、唯我獨尊、野蠻殘
暴卻正是人的自然本性和本能。

　　另一方面，人作為精神的產物，其本性「也包括他的靈性自
由，他對自然過程的超越性，以及他超越自我的能力❸」。尼布
爾總結了人之精神本性的如下一些特徵：

　　第一，人的精神獨特性能够產生信、望、愛這三種美德，使
人眞正成為精神、道德和理性之子。這種精神性把人同其它自然
受造物區分開來，給人一種靈性之光。所以，人憑其獨有精神而
能認識自然、認識自我，並獲得不受其外在環境和社會之限的獨
立主見。正如尼布爾之言：「人建造了精神之塔，從上面他可比
其階級、種族和國家更為廣遠地俯瞰地平線❸。」

---

❸ 同❹，頁10。
❸ 同❶，頁265。
❸ R. Niebuhr: *Beyond Tragedy*. New York: Scribner's Sons,
　1937, p. 29.

　　第二，人由此而具有自我超越的能力，既能超越其經歷的自然過程和歷史發展這種時空客體，也能超越本身理性和思想認識這種自我主體，並且可在超越理性理解範圍的存在結構之神秘中辨認出意義。在承認其理性價值時，人往往將自己視爲理性的化身，甚至認爲理性乃是人之所以爲人的唯一特徵。然而這種認識的侷限，就在於沒有意識到人憑其理性認識自然和自我時，實質上已超踰自然和理性，因爲只有假定存有一種高出人之自然及其自身理性的標準，才能對之加以衡量和檢驗。換言之，認識自然卽立於自然之外，將其作爲研究對象來進行探討和反思，對自然生命及其生存形式提出問答和挑戰；認識自我也就是跳出人之自我而對人及其認識能力加以探詢和評斷，卽對人給自然和自我作出的解釋及界定進行盤查詰問和褒貶臧否；二者都是對人之理性的批判審視，都已超出理性本身的標尺及意義。因此，理性並非人性的登峯造極，人還能超越其理性能力、看到理性認識的種種侷限。所以，尼布爾認爲這種自我超越乃是人類精神的永恆標誌、是人類自由的萬能鑰匙，依此方能達到眞正的人格。

　　第三，人有絕對的自由，「人的本質乃是他的自由意志❸」。人的根本自由與人的自我超越緊密相聯，共爲人性永遠有效的鮮明標誌。尼布爾說：「必須把人的自由解釋爲『根本的』，是要藉此指明，當人超乎其自然的必要和侷限時，他的行動並非不可避免地被束縛在『理性』的標準和普遍性之內❸ 。」「人的自由包括超越自然的能力，因此，自我作爲自由和有限之統一，其精

---

❸　同❶，頁15。
❸　同❶，頁10。

神自由和自然必由二者的混合已達到令人迷惑不解的程度❸。」歸根結柢，人的自由使人不再僅僅是一個可被隨意操縱的自然客體，而且其自然本性之存在亦不會徹底妨礙其自由精神之發展。因此，人不能被自然主義、唯理主義或其它任何思想範疇簡單隨便地壓入某種存在體系。人的絕對自由包括兩種可能：一爲創造的自由，這可使人行善；二爲破壞的自由，這則讓人作惡。人可以完全自由地選擇行善或行惡，不必屈從任何外在的干擾和支配。「人的本根在乎自由，而罪卽因自由而生。所以人不能將罪歸於他本體上的缺陷。他只能認爲罪是他自己的矛盾，罪雖因自由而可能，卻不必從自由而來❹。」「他們的罪乃是妄用自由並由此而招來自由的毀滅❹。」在這一意義上，尼布爾強調人的罪「是靈性的而不是肉體的，雖則這叛逆也由靈性傳染到肉體以擾亂它的和諧。……人之爲罪人不是因爲他在整體中是一個有限的個體，而是因爲他那能測度整體的才能將他出賣了，使他以爲自己是整體❹」。

第四，人的精神本性還表現在人於墮落之後仍有改善的可能，人性中原有的完美絕非就此已蕩然無存，這種「原義」並不因人之犯罪而喪失殆盡。尼布爾覺得，人類本性之邪惡不可能完全毀壞上帝在人之存在中的形象，卽不可能從根本上把人所具有的「神性」徹底抹掉，人在此時仍可按其實質及潛能而被視爲「上帝的孩子」。人若追求其靈性所應有的美德，就有可能主動趨

---

❸ 同❸，頁174。
❹ 同❹，頁15-16。
❹ 同❹，頁15。
❹ 同上。

向善、滌除惡，回歸人之完美，達其理想化境。這種見解充分表達出尼布爾所尋覓的「悲觀中的樂觀」、「絕望中的希望」和「淪亡中的拯救」之思想意趣。在此，尼布爾明確提出了他對天主教和新教中傳統「原罪」觀的批評與糾正：

> 我們否認了拘守字義的原罪論的謬見，就是那認為人性的完美僅限於墮落前之某一個時期，因此澄清了天主教與抗羅宗思想的錯誤。與抗羅宗的主張不同，我們仍可主張上帝的形象被保存於人性中，而不為罪所毀滅。與天主教思想不同，我們可以擯棄那種無稽的，以為原義完全喪失而自然之義未被敗壞的說法。天主教思想中所稱為原義的，正是代表人的靈性自由的最高要求。而自然的義卽是被造者所應具的條件。這兩者都為罪所腐化，但仍存於人性中，雖未實現卻仍屬人生的必需條件。**㊸**

人之存在的本質矛盾，決定了人生的詩謬和複雜。然而，認識人生並不是看到其荒唐而就此止步，更不能或因悲觀而一蹶不振，或因虛無而肆無忌憚。尼布爾指出，認識到人之存在的詩謬狀態尚只是人之正確思維的開始，體悟出人的純真、本有之自我。這種認識之深入，有待於它在人的現實存在中既看到人之靈性的隳沉和罪惡的緣起，也洞見其靈性的超踰和拯救的降臨。前者乃是現實的審視，後者則為信仰的把握。而人性的真正追求和認識，正是肇端於此。它決定著人的思想和行為，促使其對自然

㊸　同**❶**，頁269。

和自我不斷剖析和反思、開拓和改造，激勵人超越其自然客體之被動狀況和存在侷限，以靈性主體的能動之姿來重獲自由、昇達永恆。「人的自由本質正是在罪的捆綁中啟示出來的；正因為人有傾向永恆的自由，才能夠將有限的我變為無限的我。也因為這個自由，他才既能犯罪，也能對罪有所認識❹。」

三、人世之罪與人的罪感

尼布爾關於人世之罪的論述，是其人生哲學體系及現實主義神學理論的核心所在。通過社會罪惡之表面現象，他以其敏銳、犀利的眼光洞見到這種社會痼疾植根於人的本性之中。人之存在的詩謬、自然與精神的對立、自由和受限的矛盾，以及人性既高尚又卑劣之逆反，使人無法擺脫種種紛爭與衝突，也不可能不犯罪。因此，人世乃是罪惡的淵藪，人的一切活動、一切社會組織、一切歷史階段都沾染著罪。這種罪在個人本性中已十分明顯，而在其團體生活中則更為擴大。

1.犯罪及其精神關聯：

人介乎自然受造與自我超越之間，其本性中既自私邪惡、又絕對自由。這種自然、精神兩重性之矛盾，直接導致了人的犯罪和墮落。然而，尼布爾認為人之罪在乎其靈性而不在其肉體，主要關涉人之精神狀況。也正因為這種精神獨特性，才使人雖然犯罪，卻也有著罪惡感。

---

❹ 同❶，頁269。

首先，由於：

> 人是自由的，也是被捆綁的，是無限的；也是有限的，所
> 以他是憂慮惶恐的。憂慮惶恐正是他陷於自由與有限之矛
> 盾中的不能免的結局。憂慮乃是罪的內在因由。憂慮是站
> 在自由和有限的矛盾情況中的人所不能免的靈性處境。㊺

憂慮正是人被捲入這種二元衝突時的必然產物，它表明人對其存
在處境的真切感受， 爲人看清其現實荒謬之後的情緒流露。 同
樣，憂慮又往往成爲人企圖逃脫本身窘境這一貪婪之心的誘惑，
它會使人不顧一切而找出一條柳暗花明的生路，尋得一塊安身立
命的福地。但這種努力又進而證實：

> 人是剛強也是軟弱的，他是自由也是被捆綁的，他是具有
> 遠見也是盲目的。他是站在自然與靈性的交點，他是週旋
> 於自由與限制之中。他的罪從來不是因爲他不知道自己的
> 愚昧無知，卻是因爲他對自己的見地估量太過，以之來掩飾
> 他的愚盲；他過於伸張自己的能力來掩飾自己的不安。㊻

人在雙重壓抑下引起的憂慮不安，既表明人已察覺到自己的有限
和邪惡， 又暴露人想掩蓋和超脫這種有限和邪惡， 其兩難境遇
「正如一個水手爬到船上的桅竿上，上有顛危眺臺，下臨波濤萬
丈。他既關切他上面所要達到的目標，同時又憂慮那空虛浩渺的

㊺ 同❶，頁181。
㊻ 同❶，頁180。

人生深淵❹」。

　　然而，憂慮本身並不是罪。尼布爾堅持將憂慮與罪相區別，認為「憂慮乃是試探，卻不能以之為罪，因為信心澄清憂慮，使之不趨向於罪的發揮是一個理想的可能❹」。憂慮說明了人仍存有根本自由，它雖會陷人於罪的試探，但只能看作是罪的一種預先條件；況且，它也是人類創造作為的基礎和源泉。因此，憂慮是人的創造和破壞二者之可能，是人的尊嚴和悲慘二者之所在。其創造性和破壞性之所以密不可分，「是因為人既圖實現人生的無限可能，同時又要掩藏人生的偶性與依賴性❹」。尼布爾把憂慮既看作人類破壞之父，又視為其文化創造之母，說它使犯罪或信仰都有可能發生。在人生動盪不定的情況下，如果人依賴上帝，就會從憂慮走向信仰，即「相信上帝愛中的最後安全能够勝過自然與歷史中的暫時不安❺」；如果人否認自己的受造性而文過飾非，就會從憂慮墮入罪孽。人之憂慮的雙重性正如《聖經》所言：「依著上帝的意思憂愁，就生出沒有後悔的懊悔來，以致得救。但世俗的憂愁，是叫人死❺。」

　　其次，人的自我超越並不完全等於美德。尼布爾認為，如果人的獨特性能建立起人的「尊嚴」，那麼這種「尊嚴」也不一定就證明為人之美德。因為人的尊嚴是根據人類自由之根本特性來確定的，而這種特性同樣可以作為破壞和犯罪的基礎。人的超越能力可以使人駕御和控制自然之物的發展與演變過程，改造或重

---

❹　同❶，頁183。

❹　同❶，頁181。

❹　同❶，頁183。

❺　同❶，頁181。

❺　《新約・哥林多後書》，7章10節。

建人與社會之生存範式。然而，這種超越旨在提高人的權能和安全，其成就常常伴隨著對自然的破壞或對他人的損害。因此，人利用其超越性往往不是眞正行善，而是爲了自我目的謀求私利，結果導致其犯罪和墮落。例如人在憂慮焦躁驅使下的自我掩飾和自我超脫之擧，反而讓人在罪惡中越陷越深、不能自拔。

另外，人的自由會使人產生驕傲，引起人的自我中心傾向。尼布爾把這種自由與傲慢看作人類生活「最基本」的特徵。他說，人是自由的，而且，人急於實現其自由所預示的無限可能性；人是自然受造物，受其自然存在之各種偶然性的支配，但人卻急於克服這些偶然性，或至少是要將它們隱藏起來。自我知道自己是自由的，但他並不運用其自由去行善，而是尋求自己的便利。人因其自由而目空一切、獨自尊大，甚至會以極端自我爲圓心、以絕對自由爲半徑來無止境地擴大自己的勢力範圍。人的自私與自由相結合，必定會產生種種罪惡。

從犯罪的原因來看，尼布爾因受克爾愷郭爾思想影響而認爲人之罪並非必然，卻不可避免。這裏，尼布爾對基督教的「原罪論」加以發揮和拓展。他反對古代神秘二元論把人的罪歸於人的肉體，即人之自然和物質屬性的說法，而認爲罪惡與人的靈性自由相關。他也不同意奧古斯丁關於罪的遺傳說法，因爲原罪遺傳論實質上已將罪之必然性解釋爲「罪由自然而生」。他認爲亞當之罪是「象徵性」的，而不是「歷史性」的；人之罪並非由亞當逐代遺傳而來，人與亞當的關係是在於他們有著「相同的根源」，而絕非所謂「歷史上的遺傳」。提倡原罪遺傳論會如「那將人的惡行歸之於自然惰性的理性主義和二元論」一樣損害罪人本應具

有的責任感❺。不過，他對此與克氏觀點相同，覺得建立令人折
服的罪之原因論不大可能。罪「安排」了自己，人只能追溯以往
人類行爲中的罪惡現象或指出其不良後果。至於犯罪的原因，則
是一種「奧秘」，不可隨便臆測妄論。

　　但是，原罪論在遺傳意義上雖可放棄，在其象徵意義上卻必
須保留。 因此， 尼布爾同樣堅持「 一個兒童並非完全天眞無罪
的」，雖然「嬰孩入世時並未具一個業經發展的自我意識」，但
「當他的自我意識發展時， 他就顯示一種自我中心， ……當他的
自我與別人發生關係時， 他更表現出操縱別人的傾向， 和種種嫉
忌」；由於這一原因，所以「自奧古斯丁以下的各正統神學家」
才一致認爲「 兒童也沾染了罪的敗壞， 同樣須待拯救❻」。 這
樣，尼布爾以一種新的闡釋又充分肯定了基督教傳統原罪觀的意
義。他說：

　　　認爲基督教對人之罪性的估計是由聖經對亞當墮落的說法
　　所決定的，而且只要無人找到這種原始說法的可靠性，它
　　就會被取消——這是基督教和世俗化之現代自由派的荒唐
　　看法。實際上，這種估計已經獲得支持，其占壓倒之勢的
　　證據乃來自對人類行爲的認眞觀察和內省分析。後一證據
　　之所以重要，是因爲它揭示出自我作爲主體而與作爲思想
　　客體之自我區別開來；它並非某種普遍性或理性的自我，
　　而始終是一種特別的自我，甚至在其自我超越的高度上亦

---

❺ 同❶，頁254。
❻ 同❶，頁369。

然如此。它還揭示，這種自我甚至比受其慈愛和責任感吸引的自我更易於被自己的地位和威望所迷醉，並爲其焦慮擔憂。……自然主義視人爲自然中的一個客體，可被用來希望和尋求「社會贊同」之目的；而理想主義則以古典哲學之方式來把罪惡歸於肉體的刺激，並期望「精神」會逐漸控制低於理性的刺激。只有聖經——基督教的觀點認爲，人之罪就在自我的中心，它會產生其自由所獨有的一切能力，給人以「尊嚴」，並使人雖屬被造者，亦能成爲創造者。⑭

基於此點，人不可避免地會犯罪，但決不是必然要犯罪。罪的存在是普遍現象，人類個個都有罪，世界處處充滿罪，人的自私、邪惡在任何社會也不能免除，它是人類的通病。正是罪的不可避免和普遍存在，使人們對基督教的原罪論有了極爲現實和眞切的理解。

這種關於人世之罪的說法，同樣不能迴避「神正論」的詰難。爲此，尼布爾指出，雖然上帝的創世之舉爲世人犯罪的可能提供了某種環境，但並沒有規定人必須屈就和順從它，人的自由決定亦絲毫不受其限；然而，人卻決定順應這一環境，對之加以妄用，結果犯罪墮落；於是罪的責任只能在乎人類本身，而不再別有歸咎。尼布爾以人之犯罪不是一種因果必然，而是人生經驗上的不可避免來澄清上帝之義與人世之罪的根本區別，表明人之罪與上帝無關，罪的本質乃是對上帝的背棄和反叛。不過，鑒於

---

⑭ 同⑭，頁11。

人的兩難處境和存在詭謬，尼布爾對人的渴求和掙扎亦表同情，而不同意人故意犯罪和絕對邪惡之說。這種態度決定了他在原罪論上的模棱兩可和曖昧含糊。一方面，他認為罪只是人作為有限之靈而自比整體的一種錯誤；另一方面，他則堅持基督教關於魔鬼的理論已揭示在人犯罪之前早有一種惡勢力或罪惡原則存在。對於這種前定犯罪論與基督教魔鬼論，他曾慧點地指出：

「《聖經》中撒但論的重要性在乎底下兩點：

(1)撒但並非一經被造即為邪惡。他的惡是因他妄想違反神所安排的範圍，這種打算是違抗上帝的。

(2)魔鬼的墮落是先於人的墮落，那即是說，人的違抗上帝，並不是純粹頑抗的行為，也不是因人的處境所必然的。人介乎自由與有限性的處境之所以成為試探之源，只是由於他誤解這種處境而來的。這誤解並不純粹出自人的想像，乃是由一種在人犯罪前即已存在的惡勢力所提示的。解釋罪的奧秘，最好是說罪是自發的，而不能說，罪是某種處境下必不能免的結果，也不能說它是人違抗上帝的絕對頑抗行為❺❺。」

從犯罪的動機來看，尼布爾堅持人犯罪並不在於人的有限性，而乃人否認自己「受造」、克服自己「有限」的努力，是人的自由作為。這種動機從根本上反映出人不屈從自身命運，要靠自我努力來完成其人生意義之企圖。事實上，人已意識到自己的脆弱、渺小、有限和依賴，但人卻自欺欺人地加以掩飾、拒絕承認其受造性，並以為能憑其自由和超越來自我解脫、達到永恆和無限。所以，「招致歷史中的混亂與罪惡的，不是人的有限性，

———————
❺❺　同❶，頁179。

而是那有罪的『虛妄永恆』，卽是人妄以爲人的有限性可被克服，或已被克服⑯」。

> 人的眞正罪惡，乃是不願承認他的軟弱、有限，和依賴的
> 地位，而妄想抓住一種人所不能有的權力和安全，同時企
> 圖超越被造物的限度，虛張自己的德性與知識。……人的
> 罪是由於他的虛榮和驕傲，妄以爲他自己、他的民族、他
> 的文化和制度是神聖的。所以說罪惡乃是人不願意承認自
> 己的被造地位和對神的依賴，而圖謀自己的安全獨立。正
> 是這種「虛浮妄想」叫人隱藏了他那受支配的、偶然性
> 的，和不能獨立的本性，企圖使自己成爲一個不受支配的
> 眞體。⑰

根據這種理解，尼布爾還從宗教和道德這兩個層面分析了人的犯罪動機。從宗教上來看，罪暴露出人要違抗上帝旨意，妄想僭越神之地位的用心；「自我以其驕傲與貪圖權力等傾向冒犯上帝的『權能』，受到上帝的審判。這就是罪的宗教涵義⑱」。從道德上來看，罪反映了人在羣體生活中的不義，它顯明個人野心勃勃，妄以自己爲生存中心，並因此損人利己、殘害同類，將別的生命置於自己的意志和淫威之下。凡此種種，都揭示罪爲人的自比上帝、反抗性的不服從上帝，「罪最後成爲不服從上帝而不是

---

⑯ 同❶，頁419。

⑰ 同❶，頁136。

⑱ R. Niebuhr: *The Self and the Dramas of History.* New York: Charles Scribner's Sons, 1955, pp. 64-65.

任何別的東西。只有反叛上帝，只有在上帝眼中那種自我意識的
傲慢無禮，才被看作是罪惡的⑲」。

2.驕傲縱慾為罪之形式：

尼布爾把人的罪劃分為驕傲和縱慾這兩種主要表現形式。他
說：

> 人想要擡高自己的偶性生存以入無限之境，他就陷入驕傲
> 中。當人想藉著沉緬於「易變之善」當中及斲喪於生機之
> 內來逃避靈性自由中的無限可能，和自我抉擇中的責任與
> 危險時，他就墮入於情慾之中。⑥

尼布爾堅持驕傲之罪是最根本和普遍的，它乃一切罪惡之
源，其實質就是對上帝的反叛和對宗教信仰的拋棄。驕傲的特徵
在於人否認自我存在的偶然性而強調其普遍性，否認自我的相對
性而聲稱其絕對性，否認自我的有限性而要求其無限性，以及否
認自我的約束性而堅持其獨立性。這一切都極為清楚地反映在人
的權力、知識、道德和靈性驕傲上：

在權力上，驕傲表現為「人企圖使自己成為上帝」，認為自
己乃宇宙的中心，想像自己完全是本身存在和命運的主人。人在
權力上的僭越和自傲使人「忘記了自己是被造的，因此有不可逾
越的限度，在自然中有許多他所不能違抗的勢力⑥」，從而「拒

⑲ R. Niebuhr: *Moral Man and Immoral Society.* New York: Charles Scribner's Sons, 1960, p. 67.

⑥ 同❶，頁183。

⑥ 同❶，頁54。

絕福音中那反對人的作為，和那發現人的作為中不免有自私自大成分的眞理⓺」。尼布爾認為，這種權力上的驕傲在社會權勢較大的人身上表現爲「相信自己爲生存的主宰，命運的支配者，和價值的裁判者⓻」，因而自滿自足、自命不凡、自以爲是、自作主張、爲所欲爲，他們信守「人定勝天」之道，陶醉於自己叱咤風雲、改天換地之舉，而絕不承認自己會軟弱無能；在社會權勢較小的人身上則表現爲「攫取更多的權勢，以使自己鞏固⓼」，其求權意志是因爲感到自身不够安全而想藉攫取權力克服或掩飾其軟弱，人之趨炎附勢、狐假虎威正暴露出這種心態。按照尼布爾的觀點，人本不能靠自己來獨立完成人生的眞實意義，而罪正是由人依賴自身力量而來。驕傲之人自以爲能歷滄桑而不朽，在一切變遷之中應付裕如，卻不知人之必朽生命所存在的有限性、依賴性和不完善如同「草必枯乾，花必凋殘」那樣，亦是上帝的創造計畫。因此，人不得謀求超越自身限度的權力，必須以謙卑敬虔之心來接受上帝對自身的設計安排。

在知識上，驕傲卽人以自己的知識爲無限和終極之眞理，否認其有限來源和外在影響。尼布爾把人在知識上的驕傲視爲人在權力上驕傲的一種靈性昇華，卽爲一種理性的驕傲，說它使人看不到自己理論上的侷限，不承認人的一切知識都受其存在意識的感染和影響，卻以其知識「毫無謬誤」而自鳴得意。尼布爾指出：「每一個大思想家都犯同樣的錯誤，以爲自己是最後的思想家」，而這些思想家實際上都各自處於某一特定地區和時代，卽

⓺　同❶，頁430。
⓻　同❶，頁185。
⓼　同上。

或當時以爲不偏不倚，但後人看來卻如其先輩一樣偏狹有誤❻。思想家們善於發現以往各種文化的思想驕傲與妄見，卻沒有察覺自己終於也表現了同樣的可憐罪過。他認爲甚至人類最高的文化優點也免不了偏私和僅具個別性，因爲「人類的文化總是處在自由與限制，有限與無限的緊張掙扎中❻」。所以，人在文化知識上的驕傲和樂觀主義是幼稚可笑的，「殊不知人生的每一個新階段與可能都將產生新的問題❻」，「在文化領域中，人一達到較高眞理的認識即可能引起另一個新的虛妄❻」。例如，追求智慧、高度理性的哲學家們往往會陷入其知識誤區。當一個哲學家發現以往哲學的錯誤時，會在無形中成爲自己無知妄見的犧牲品；當他身臨歷史的高峯因前無古人而自鳴得意時，卻不知後有來者會使其理論成就黯然失色、微不足道；當他自以爲已找到最後眞理時，實際上正表現其對眞理的孤陋寡聞和管窺蠡測；當他感到自己的學術見解及理論體系完美無缺時，其智慧之光實已燃盡，其靈感銳氣也形似強弩之末。許多標新立異、名噪一時的學說體系都如曇花一現，轉瞬即成過眼煙雲。笛卡兒、康德、黑格爾 (G. W. F. Hegel, 1770-1831)、孔德 (A. Comte, 1798-1857) 這些曾把自己的思想當作終極理論的哲學泰斗不斷被後人詰難、批判，甚至淪爲那玩弄哲學之人手中的玩物。因此，尼布爾深感人的理智和理性在認識人生和決定人的命運上並無獨特意義，在其社會生活中也無決定作用。面對人在理智上的驕傲和惡

---

❻　同❶，頁189。
❻　同❶，頁499。
❻　同❶，頁462。
❻　同❶，頁519。

行，他更覺靈性純眞的寶貴價值，「我懂得了基督祈禱的意義：
『父啊，我感謝你。你對智慧者隱瞞了這些事情，而把它們顯
現給嬰孩❻』」。《聖經》中針對智者的自以爲是而載有如下古
訓：「我要滅絕智慧人的智慧，廢棄聰明人的聰明❼。」「上帝
卻揀選了世上愚拙的，叫有智慧的羞愧❼。」尼布爾對保羅神學
中的這種思想心領神會，並極爲讚賞帕斯卡爾提出「人心有其理
智」的下述說法：「感受到上帝的乃是人心，而非理智。而這就
是信仰：上帝是人心可感受的，而非理智可感受的❼。」在他看
來，人之理性驕傲會使有限之人企圖以自己的智慧來了解整體、
靠自己的能力來實現完全，其實質是沒有信仰或以理性自身爲信
仰。因此，宗教信仰不能隸屬於理性之下來受其裁判，

> 否則當理性追問宗教信仰中的上帝是否合理的時候，它這
> 樣問是已經含著一個否定的答案了，因爲這是理性把自己
> 當作上帝，它自然不能容許另一個上帝。當理性對宗教下
> 一個判斷時它總是說，宗教信仰中的上帝在本質上是與理
> 性所構成的上帝相同的，只有一個區別，卽認爲宗教信仰
> 的領略方式是粗劣的，而理性的領略方式卻較爲精純。❼

但理性本身實際上無任何超越和優傑可言，「這種本質上新式的
宗教並不因爲是暗含的而不是明顯的，就少了一點『教義』的因

---

❻ 同❿，頁7。
❼ 《新約‧哥林多前書》，1章19節。
❼ 同❼，1章27節。
❼ 同❿，頁130。
❼ 同❶，頁161。

素，也不因爲它用科學的禮服裝扮起來，就多了一點眞實的內容❼」。尼布爾指出，那種強調理性的觀點認爲人可以無限地完善和進步，是由於它沒有了解，人類自由的每一增長既能有德性的後果，也能有惡性的後果；而其錯誤之根源，是把理性完全等同於自由，沒能看到理性或許是自我的僕人，而不是其主人。尼布爾因而拒絕讓信仰和啟示受到理性的檢驗，認爲信仰和啟示如果屈從於有限理性，就不能打開救贖之路，因爲理性也是會腐敗的，是罪可能發揮其破壞作用之處。此外，理性經驗以及一切自詡爲從事純「科學」分析的現代文化，在其觀察和探究中「一律也暴露出有一種信仰在指導」，所謂純粹觀察根本就不存在，它們都是有針對性和選擇性的、都是在事先已有的某種理論或見解指導下進行的；由此可見，「信仰決定了科學家所能達到的結論，儘管他斷言這些結論是自己經驗探究的結果❼」。「實際上，沒有觀念的模式，經驗主義的觀察是不可能的。而且，每一理性的模式在本身之外，又會指出某種不能與理性連貫性簡單等同的意義模式❼。」基於對知識理性之驕傲的揭露批駁，尼布爾強調了信仰在人之認識中的價值及作用，並斷定「一切宗教信仰的形式都是我們用來組織我們經驗的解釋原則❼」。當然，他並不同意走非理性或反理性的極端，也不迴避現代人在信仰與理性之間所面臨的選擇。他認爲，理性的意義僅僅在於它能根據人所設定的命題內涵本身已可預測之結果來進行觀察，以及通過邏

❼　同❼，頁15。
❼　同❼，頁15。
❼　同❼，頁14。
❼　R. Niebuhr: *Christianity and Power Politics*. New York: Charles Scribner's Sons, 1940, p. 6.

輯連貫之方法來把指定命題與其它一些已經同樣檢驗的命題相聯
繫。理性可以歸納總結、演繹推斷，卻不可能超踰已知命題的內
涵而創立全新的思想和命題。誠然，在人類思想中確實湧現了各
種新理論和新命題，但其根源並非理性，而是通過人之創造性內
省、變革性直觀和突發性領悟等靈性形式。這些思想、情感和
活動乃是理性原則所要加工的質料，理性的作用就是對之加以分
類、檢驗和解釋，其本身卻不能創造。新的內省觀念和思想理論
確實經過理性之磨的加工才得以產生，但這個磨子永遠不能創造
出它自己的粉末。同樣，信仰所提供的指導前提和解釋原則亦對
經驗所引證的論據起著過濾作用。由於人類精神中所追求的永恆
尺度使一切純理性或純自然的解釋都難達完善和滿足，而從現代
科學氛圍中培養出來的人又很難接受傳統信仰的態度，因此許多
人曾經求助於介乎信仰與理性之間的神秘主義這條出路。尼布爾
說，羅素（B. Russell, 1872-1970）在其《神秘主義與邏輯》、
桑塔亞那（G. Santayana, 1863-1952）在其《柏拉圖主義與靈
性生活》、赫胥黎（A. Huxley, 1894-1963)在其《永恆哲學》、
以及斯特斯（W. Stace, 1886-1967）在其《時間與永恆》中除
了堅持其理性教義外，都曾詳盡闡述了一種神秘主義。不過，尼
布爾覺得，儘管「從哲學上深入到純粹神秘中去探究，要比接受
基督教關於上帝的奧秘已被歷史啟示所揭開和賦予意義這種斷言
明顯地更加受人尊敬」，但其神秘主義卻把人的罪惡極為荒唐地
解釋為一種本體論意義上的命運，結果使人如同在理想主義和自
然主義哲學中一樣遭到了嚴重誤解，把人從其不容置疑的歷史存
在中取消了❼。在這種神秘主義的解釋中，人的個性也在莫測高

深的神性中泯滅化解。總之，人在知識上的驕傲使人竭力尋求各
種對宇宙和人生的自我認識之途，不料卻處處碰壁，令人失望和
沮喪。

在道德上，驕傲則爲人的自以爲善，以自身標準爲絕對標
準。尼布爾說，這種驕傲暴露在人自以爲公正、善良的態度上，
卽以其有限德性爲終極的、以其相對道德準則爲絕對的。既然人
按自我標準來評價自己，所以會發現自己爲善；而若別人的標準
與己不同，人用自我標準來對之評價，則總是斷定別人爲惡。由
於這種道德標準的相對性，致使人的道德含義都是曖昧模糊的。
尼布爾譴責人的道德驕傲使人的德性亦成爲罪之所在，人之自我
稱義和自感良善現象乃司空見慣，各自都以爲擁有絕對的道德價
值而當仁不讓，這使世上幾乎毫無眞正的道德可言。爲此，尼布
爾反對人的這種道德絕對感，認爲有限之人道德意識上的複雜性
及詩謬性使人的一切道德標準都是相對的、都是利己的。在羣體
存在和社會活動中，人在道德上的自義往往表現爲對別人及社會
的不義與不公，許多表面上的良善之擧也不過反映了人那假冒爲
善的虛僞和詭詐，而人把自己作爲其同胞的法官，以自律作爲其社
會的圭臬，則更暴露其罪惡之深重。所以，尼布爾堅持追求終極
關切的基督徒不應該受到這種打著有限烙印的世俗道德之約束，

> 基督教原則上是一種精神的宗教而不是律法的宗教，……
> 謹小愼微地服從具體的道德標準決不能代替自我與上帝相
> 通。在這種相通中，自我的虛榮與驕傲被打破，而人則從
> 自我和罪惡中獲得了自由。⑲

⑲ 同⑭，頁22。

在靈性上，驕傲指人在宗教上的自比神明。這種驕傲把人之罪推到頂峯，使人陷入自以爲「最」的虛妄之中。人的靈性驕傲使任何宗教神學或崇拜形式都不能保證，一個意欲把人與眞正上帝相連接的信仰團體在實踐中不會被用爲本質上崇拜偶像之目的，因爲世人很有可能利用信仰形式而聲稱自己已與上帝結成獨特聯盟來反對其現實存在中的對手和讐敵，或以追求無限爲幌子來達到其有限、相對的人生目的。這樣，人們不得不承認，一種在原則上已克服相對追求和戰勝偶像崇拜的宗教，在實際生活中卻很有可能蛻變爲一種不公平、不純正之觀點的工具。因此，尼布爾把靈性驕傲與宗教偏執看爲人之罪性的「最後表述」，指出那本爲人之最高成就的宗教也仍缺乏那最高的性質。他說：

> 最後的罪乃是把這種自比神明的靈性之罪表現出來。當我們將自己的偏私標準和有限成就當作無上的善，而且爲之要求神的裁可，我們就犯了這種罪。因此與其說宗教是人的內在德性對上帝的追求，毋寧說它是上帝與人自擡身價之間的最後衝突場所。在這個爭端中，甚至那最虔敬的宗教設施，也成爲人表現驕傲的工具。⑧

其問題的嚴重性還在於「最兇惡的階級統制就是宗教的階級統制」，「最惡劣的不寬容卽宗教上的不寬容」，「最惡劣的自我宣傳卽宗教的自我宣傳⑧」，有限之人會假宗教絕對之名來排斥異己、獨斷專行、自我吹噓、謀取私利。對此，尼布爾亦從自身

---

⑧ 同❶，頁194。
⑧ 同上。

宗教傳統上進行了反思。在他看來，這種驕傲在天主教中卽表現
在它太隨意地將教會視爲上帝之國；本來，「天主教是一個處在
歷史的有限性中的宗教制度，卻以爲它的一切教義都具有無上眞
理，它的一切行爲標準都具有無上的道德權威，這樣它不過成爲
人的驕傲的另一工具罷了❷。」而基督新教自以爲能比別人更爲
悔罪，並因得到神啟而更能稱義時，同樣陷入自義之罪，成爲
其驕傲的工具；「當新教認爲它之解釋基督福音，是具有先知的
立場的，所以足以保障一種更高尙的德性，它也就淪於自義的罪
中了❸。」人的謙卑和認罪亦可被驕傲所利用，正如帕斯卡爾所
言,「謙卑之論，對於虛浮的人反成爲驕傲之源，只有對謙遜的
人，才是謙德之原❹」。總結這一經驗教訓，尼布爾深深感到，
「基督教歷史的悽慘經驗證明了，正當人漫無限制地認爲自己是
聖潔的時候，他就最清楚地顯明了他的靈性上的驕傲❺」，「人一
自認爲聖時，就失去了他的聖品❻」。他還教誨那些聲稱已「蒙
救贖的人」說，如果自認爲已完全從罪中解脫，其結果反而會在
實際上增添罪惡。他甚至不同意奧古斯丁把上帝之城與基督教會
視爲一體的思想，認爲教會仍是有限的、世界中的團體，它也表
現了人的那種自私本性，因此不能與上帝之城相提並論。他嘆息
奧古斯丁將二者的混淆給後來教會帶來的不利，說它助長了教會
的靈性驕傲。顯而易見，上帝的絕對和世人的有限之截然區別，
在尼布爾思想認識中是毫不含糊的。但值得指出的是，尼布爾認

❷　同❶，頁195。
❸　同上。
❹　同❶，頁204。
❺　同❶，頁405。
❻　同❶，頁406。

爲這種靈性驕傲不是只限於宗教，而也反映在人之精神的其它領域，甚至表現在主張取消宗教的偏激見解之中。人在許多方面的追求探索，其實質都與宗教相似，甚至也有著與宗教同樣的情感、狂熱或殘暴。所以說，「宗教，不問它用何名稱，乃是人類性靈所結出的必然果實❽」，而其驕傲之舉會把人世推至罪惡的極限。

罪的另一基本形式爲縱慾，尼布爾指出，縱慾在某種意義上乃驕傲之罪的派生物，它表現爲渴慕肉體上的放縱，而反對純精神的追求。從總體來看，人的縱慾之罪具有兩重性。一方面，它暴露出人過度自愛，沉溺於此而不能自拔，這就正如《聖經》中所譴責的那樣「容罪在你們必死的身上作主，使你們順從身子的私慾❽」。另一方面，它則反映了人屈服於自己的有限性，放棄自由超越的精神能力，以自暴自棄、放任自流來消極逃避自己的有限與被動。縱慾之罪實質上仍爲人之自由和精神的選擇與行動，但人可能試圖藉此否認自己的自由和責任，尋求回歸到純粹的動物本性。從其精神本質上分析，縱慾乃是有著強烈自我意識的靈性之人要逃脫其不安全感、逃避遭到鄙視的自我而進行的絕望掙扎。

然而，尼布爾並不同意對縱慾現象的自然主義解釋，不認爲縱慾僅是人們屈從自然法規、表現人性自然衝動之舉。相反，其根本動機仍是靈性之人想要解決其有限性與自由權的衝突問題。應該承認，縱慾指人採取了另一極端解決辦法，即不再掩蓋自己的有限性而掩藏其自由地位，將自己置於某種生機之下。但這種

❽ 同❶，頁196。
❽ 《新約‧羅馬人書》6章12節。

慾求本身絕非人性中簡單的自然衝動，而往往流露出人對有限和自由之衝突未獲圓滿解決所飽含的惆悵、失意及痛苦；因此，「人的情慾中常表現一種動物生命中所未有的無限魔性[89]」。這裏，尼布爾對叔本華關於「慾求」和「禁慾」意義之見解表示了一定程度的贊同。叔本華認為：

> 慾求的那種高度激烈性本身就已直接是痛苦的永久根源。第一，這是因為一切慾求作為慾求說，都是從缺陷，也卽是從痛苦中產生的。第二，這是因為事物的因果關係使大部分的貪求必然不得滿足，而意志被阻撓比意志暢遂的機會要多得多，於是激烈的和大量的慾求也會由此帶來激烈的和大量的痛苦。[90]

人的痛苦正是未曾滿足的和被阻撓了的慾求，二者已密不可分。縱慾者除了其正在歡愉的那一剎那之外，都是處於一種內在的和本質上的痛苦之中。而且，縱慾之罪甚至墮落到會產生一種不是從單純的自私出發，而是於自己無利，單是基於別人之痛苦的「惡毒」快意，並進而演變為「殘忍」。由此而論，作為縱慾之對立面的宗教禁慾主義就有了其存在的一定合理性。不過，尼布爾視禁慾主義「旣是宗教的巨大惡習，又是其偉大德性[91]」，其積極意義在於它乃認識個人慾望之罪惡的證明，而其消極意義則正如

---

[89] 同❶，頁178。

[90] 叔本華：《作為意志和表象的世界》，商務印書館，1986年，頁497-498。

[91] 同❺❾，頁54。

叔本華之言：禁慾主義的本質乃是「生命意志的否定❷」。這種
「否定」正是否認顯現於人身上的、由其身體已表現出來的本
質，其第一步是自願的、徹底的獨身自好、不近女色，更進一步
則表現於自願的、故意造成的貧苦，從而不使願望的滿足、生活
的甜蜜來激動意志❸。不過，無論從哪種意義上來講，禁慾主義
都是對每一慾求的「清靜劑」。

　　尼布爾認爲縱慾的實質乃是人因爲內在的衝動與慾望而摧殘
自己內心的和諧，這種罪表現得更爲明顯和露骨，所以較易被人
察覺和認淸。「各種情慾的罪，諸如淫樂、饕餮、奢華、縱酒、
以及各種肉體上的享樂，較之那基本的自私之罪，更易受社會的
嚴厲指責❹。」而且，它們有如下一些共同特點：

　　　第一，擴張自愛到了一種摧毀自己目的的地步；第二，希
　　　望在本身以外的人身上，或過程上找到一個崇拜對象，以
　　　使自己從自我的囚牢中遁出；第三，最後是欲使自己遁入
　　　一種潛意識的生活中，以逃避罪惡所造成的混亂。❺

從其具體表現來看，人的淫蕩行爲乃是其縱慾之罪的典型代表。
傳統基督教思想家曾將淫樂視爲罪之來源，認爲萬惡淫爲首，只
因人們貪戀淫樂，才會產生各種各樣的罪惡。有些神學家甚至把
人的性生活作爲其縱慾現象的主要象徵，強調性生活本身就是罪

---

❷　同❾，頁525；同❺，頁54。
❸　同❾，頁521、523。
❹　同❶，頁224。
❺　同❶，頁233。

過。在分析男女性慾這種人之情慾的特別發洩中，尼布爾亦從人
之靈性特點上加以解釋。他認爲：

> 人的性衝動，正如別的身體上的衝動一樣，既受人類靈性
> 自由的支配，又因人的靈性自由而趨於複雜。它不是一種
> 可以由人撇開不管，讓它停留在肉體衝動的天然和諧中的
> 本能。它的勢力上達於人類靈性生活的頂點，而人類自由
> 之巔的不安心情又下達於性衝動，以它作爲補償不安之心
> 的工具和逃遁的途徑。⑯

由此可見，人之愛情和性衝動乃極爲複雜的現象。從其「純自
然」及綿延種族、傳宗接代之生物意義來看，性衝動屬於肉體生
活之自然慾望與衝動，是其「替代自我」的天然基礎，因爲性生活
乃是自然爲了人類保持其種族綿延而使之超越本身生存的一種方
法。從其超出本能的心理因素來看，性衝動又是人的靈性在利用
性的自然場合來作自我發揮和心靈追求；「所以性行動在人的生
活中成了一幕戲劇，在其中自我之操縱另一個自我的慾望，和這
一個自我爲另一個自我之捨棄本身，這二者遂成爲一種惶惑的衝
突和交織⑰」。在此之中就已顯露出性關係所表現的創造性和罪
性，卽性生活中的敗壞成份。從其慾求和憂慮之靈性意義來看，
性本身並非罪惡，但人的自私能擾亂其天然和諧已表明其罪的存
在，它使人對其性生活感到不安和羞恥。如前所述，人所表現的
自我發揮和自我逃遁乃是一種罪性，而其性本能則能使這組逆反

---

⑯ 同❶，頁230。
⑰ 同❶，頁230-231。

意向都達到高峰。於是，「性行爲旣是人性中自我崇拜之原罪的
工具，也是人欲以崇拜對方來逃避自我不安的表示❾❽」。例如，
愛情中愛侶雙方互相將對方作爲完美無缺的對象來崇拜，性關係
中男性主動所表現的自我崇拜之傾向和女性被動所反映的偶像崇
拜之情趣，都是典型的罪性成份。其實質就是崇拜被造者、有限
者，而忘卻造物主及其無限存在。人之性行爲的複雜在於它本身
「有著那靈性淆亂罪性的能力，有陶醉的功用，也可以當作一種
麻醉劑」，它之所以爲罪惡，正是因爲當自我發現自我崇拜和對
方崇拜均屬無效時「乃圖利用那不必分別自我與對方的性行爲，
作爲逃避人生的方法」。而「最腐敗的各種情慾，例如商業性的
性罪惡，於滿足性衝動時，完全不計及人格。這不是向著虛妄之
神投奔，而是投奔於空虛渺茫之中。那使人得到俄頃歡樂的情慾
本身，原是罪的結果，又是那由罪而生的不安良心的結果❾❾」。

　　總之，人的情慾和性行爲與罪惡問題有著非常複雜的聯繫，
它曾造成社會上的各種混亂和偏激之舉。尼布爾覺得，淫樂之爲
罪，根源於人之靈性墮落。在他看來：

> 其實人旣墮落了，就在性生活上犯罪，並不是性生活在本
> 質上是有罪的。……只因爲人喪失了他在神裏面的生命的
> 眞實中心，故墮落於情慾之中，而色情乃是發洩情慾的最
> 顯著的機會，而且發揮得最爲生動。❿

---

❾❽　同❶，頁230-231。
❾❾　同❶，頁231。
❿　同❶，頁232。

這種罪惡或是使人達到其自私的終極，或是讓人陷入渾渾噩噩之中。其它縱慾行為的本質亦與之相似，都反映出人自私驕傲和憂慮不安的矛盾心境。尼布爾指出，那貪愛口腹的人為無限滿足其肉體慾望而毫無約束，盡其自私，但這種不肯節制本身就是一種想要逃避自我的舉動。「醉酒也同樣地表現這一個包含兩種企圖的目的⑩。」一方面，醉酒是想從酣醉中尋找一種特別的刺激，藉此醉意來享受其常態生活所不能提供的權勢之感和殊榮之境。它暴露出人的可憐企圖，為使清明意識所感覺到的卑微之我達到昇華，遂靠迷醉來提供幻覺，以成全自我暫作世界中心的慾求。另一方面，仗酒飄逸或舉杯澆愁實乃世人壓抑其內心真情的行為，都是為了逃遁自我，迴避其步履維艱、达宕起伏的人生現實。因此：

> 醉酒的那第一個目的是有罪的自我發揮，是根源於憂慮惶恐，欲以不適當的方法來補償一己的不安和卑微之感；而醉酒的那第二個目的是由惶愧之感而生的，在那惶愧心境中，罪過和不安的感覺混在一起。⑩

所以說，醉酒也是人心中罪的因果律之流露，人因憂慮而犯罪，犯罪又加深了人本欲消除的不安心情，結果使人想方設法要完全逃出其自我意識、徹底擺脫其緊張人生。

　　尼布爾以對縱慾之罪的雙重分析而澄清了基督教思想史上對此問題的模糊認識和錯誤解答。他認為對縱慾之罪的本質理解必

---

⑩　同❶，頁229。
⑩　同❶，頁229。

須包括上述二者。人之驕奢豪華地享受生活和放蕩無度地滿足情慾， 一方面乃人性中自私自愛的極度宣洩， 藉以表現自己的權勢， 助長自己的聲威，靠其權勢所得到的自由來盡量放縱其各種慾望；另一方面則爲意識其卑微有限之人逃避自我的狂暴行爲，人因內心不安而自暴自棄、歇斯底里，追尋、強求凡可使其片刻忘記那內在不安和良心折磨的任何舉止。這兩方面都使人深陷罪中而不能自拔。

3.團體之罪的嚴重性:

尼布爾不僅強調個人之罪， 更強調人類團體之罪。他說:

> 在每一人類社團中， 有更少的理性去指導和控制衝動力、
> 更少的能力去達到自我超越、更少的才智去理解別人的需
> 要， 因而就比那些組成團體並在相互關係中顯現自己的個
> 人有著更多的、更無限制的利己主義。❿

由罪人所組成的團體， 其邪惡程度比個人更高、其罪孽也比個人更大。各人類團體都充滿自私自利、自高自大和團體的自我中心主義，因而使社會衝突不可避免。所謂「道德的人」和「不道德的社會」實際上是「不道德的人」和「更不道德的社會」，團體之罪乃個人之罪的集中和放大，這就更加模糊並敗壞了人生的意義。

綜觀人類社會的發展， 罪性的驕傲和偶像崇拜是和人類政治

---

❿　同❺，頁XI。

第三章 人生哲學 99

團體的結集相伴隨的，而且也是不能避免的，「沒有一個國家能免於驕傲之罪，正如沒有一個個人能免於驕傲之罪一樣⑩」。同理，「列國的驕傲，以及民族的，帝國的各種文化之驕傲，都不過是人原有的那驕傲⑩」，人憑自身德性與事功來完成人生、實現自我，結果會適得其反。

尼布爾指出，人類團體之罪涵蓋極廣、表現多樣，但它最清楚、最典型地體現在國家身上，因爲國家妄想要取上帝地位而代之，它向個人要求絕對忠心，讓其把國家需求作爲個人生存的最高目標。對這種國家政體所顯露的罪惡，他曾進行了如下分析：

首先，國家跟個人一樣在其生存本能之內潛藏著擴張的慾望，而且遠比個人爲甚，以致變生存意志爲求權意志。就此意義而論，尼布爾覺得人的求權意志與其自我意識相關，

自我意識增加了保存和擴大生命的迫切需要。……對於人類來說，其自我保存的衝動很容易轉化成爲向外擴張的慾求。而在人類自我意識中還存有一種憂鬱性質，則更增強了這種趨勢。自我意識本來意味著承認其在無限中的有限性，即人的理性承認在世界之偉大中自我只是微不足道的一點。但與此同時，在所有重要的自我意識之中，對於這種有限性都表現出一種反抗的特性。在宗教中，它可以用化入無限之中永生不滅的希望來表明自己。而在世俗的水準上，它則用人類將自我普遍化、給自身生命一種超越自我之意義這種努力來表明自己。因此，帝國主義的根源完

⑩ 同❶，頁215。
⑩ 同❶，頁350。

全由於自我意識。❿

正是人類的受造性、有限性，使其自保衝動極易變爲自尊自大的
慾望。人妄圖超越自我的有限，謀取超越本身以外的意義；而當
其達到原定目標後，人又會渴求更大的意義和權利。國家如個人
那樣把追求其權勢的擴大看作其確保自身安全的必由之路，但其
強暴和獨斷卻往往加劇了人世間的傾軋和紛爭，而被壓迫者的對
立與反抗也使暫居上風的人類團體在獲得某些權益之後又會遇到
更大的危險；於是，只有權與利的進一步擴張，才有可能確立新
的保障。爲求穩固與平安而展開的爭權奪利，卻事與願違地使人
類捲入曠日持久的動盪和戰亂之中。人世社會的腐敗與罪惡，乃
源自各人類團體對其權力及其影響的曲解和濫用。而帝國主義、
集權專制則正是人類團體因其自私邪惡的本性而表現出的求權意
志和擴張精神，爲人類有限性和邪惡性的必然產物。它使自然給
予人類正當保全生活的能力與策略在人之心理及慾求中一變而爲
帝國化的政策和目的。

其次，國家也反映了個人具有的驕傲之罪，它表現在全力謀
求國家的威望和尊榮。尼布爾說：

> 凡以政治機構規定自己的權限的，不問它爲民族國家或帝
> 國，都是一方面用權力的威脅來迫人服從，另一方面則
> 以國家的尊嚴來叫人崇敬。……從沒有一個政治性的社會
> 集團，不對國家本身存著一種偶像崇拜的心理的。❿

---

❿ 同❺，頁42。
❿ 同❶，頁207。

社會上各種羣體及各個國家在權力角逐和爭奪霸權時都會自我稱
義、自以爲聖，從而使其國度達到神化、將其擴張看作聖戰。而
且，尼布爾還把這種團體驕傲的形式視爲人妄想否認其存在的有
限性和易變性的最後努力，說它比純粹的個人驕傲更容易產生不
義和紛爭。人類本性中尋找自我、謀求自利的強大慣性，往往會
自知之明地把自身私利極爲微妙地與其所渴求的更高目標和價值
理想相混合、相統一，使有限之人在其羣體追求中實現自我，在
參與其民族國家的神聖中昇華個人。這種心態在個人奮鬥曾經受
挫的人們中尤爲明顯，因爲「這種人的個人挫折使其成爲所屬團
體之帝國野心那心甘情願的工具和犧牲品。在其國家的權力和擴
張中，個人受挫的野心便得到某種程度的滿足❿」。「一旦獲取
超越自我之意義的這種努力得到成功，人就會用爲其生命而戰鬥
的同樣激情和同樣合法感來爲其社會之顯赫地位和不斷增長的意
義奮鬥❿。」

　　另外，國家還會如個人那樣假冒爲善，裝成不爲自身私利，
而爲著某種高尚道德；但實際上，這種僞善對己表現爲固執己
見、利用欺騙來將本身利益掩藏於普遍利益之中，對人則表現爲
輕視他人，將一切虛榮、權勢之惡推給別國，用以掩飾自身的軟
弱與沉淪。尼布爾指出，「那種咎責敵人，卻認爲自己能免於敵
人所犯之錯誤的狂熱，正表示自己是在掙扎著要掩飾那本身所處
的有限地位❿」。早在第一次世界大戰後，尼布爾就曾流露過這

❿　同❺，頁18。
❿　同❺，頁42。
❿　同❶，頁191-192。

種思想，他認為交戰雙方的理由和宣傳都是虛假的、偽善的，並且指責大戰時期的美國隨軍牧師把對上帝的忠誠與對戰神瑪爾斯（Mars）的忠誠相混淆了⑩。他因而希望人們應從國際政治衝突中過去那種盲目而無批判的愛國主義之愚蠢行為中清醒過來，不要在蒙昧之中成為邪惡勢力的犧牲品或殉葬品。

根據其團體之罪的理論，尼布爾認為「團體間的關係始終主要是政治性的⑩」。而人類行動沒有能夠根本逃脫自利和罪惡之影響的，一切人類團體都免不了那種犧牲別人以求自身安全的罪，因此政治必然是在諸邪惡之中的一種選擇。人類團體的利己主義表現出貪得無厭的權力慾求，各團體都尋求鞏固自身的權勢，摧毀對方的力量。這種權力摩擦與爭奪使社會中難存公義和良善，人生的每一時刻都得利用邪惡來制止邪惡，政治只是強權競爭和鬥爭，成為團體之間弱肉強食的旋轉舞臺。在這一意義上，他贊成尼采和弗洛伊德（S. Freud, 1856-1939）的觀點，承認求權意志是人類社會的最強大動力，相信權力衝突乃是歷史的基本因素，並說人之團體所表現的這種權力慾望是要在統治別人中尋求自己的終極安全。他把人在權力上的驕傲和濫用視為人類存在的普遍共性，但又不得不承認這乃人世的悲劇、歷史的悲劇。

團體之罪為個人之罪的無限擴大和登峯造極，而個人曾有的道德追求和惻隱之心在團體關係中卻日趨式微乃至蕩然無存。尼

---

⑪ R. Niebuhr: *Leaves from the Notebook of a Tamed Cynic.* Chicago: Willett, Clark, & Colby, 1929, pp. 14-15.

⑫ 同⑲，頁XXIII。

布爾深感人的一切「集體」行為都表現出「非人」和「野蠻」的
特徵，缺乏「公平」和「友愛」的成份，其結果在人生社會中處
處只能見到那「權力的表達」，並使一切政治考慮也都不得不隨
著權力開始和結束。這種強權之勢就構成各社會團體內部的相對
和平和它們之間的激烈鬥爭。權力佔居優勢的團體，其社會地位
在一定時期內會相對穩定和牢固，但隨著其與外部有關團體爭奪
的加劇和其內部結構發生變化之影響，這爭取到的穩固便受到威
脅，從而出現危機乃至失去其統治權力。團體利己主義的傾向使
社會關係中的不公義狀態得到持續和發展，但集權專制總會引起
其它社會羣體的不滿和對抗，使其生存潛藏著危機和隱患，很難
保持其權力的長久穩固。這樣，「一種不穩定的權力平衡看來就
是社會所能希望追求的最高目標⓭」，而政治的「最高成就也無
非是達到一種暫時的強權均勢⓮」。社會團體之間權力鬥爭的複
雜性使尼布爾意識到，在社會變化中暴力與非暴力的選擇，純粹
是一種權宜之計；「我們既不能在強迫手段的非暴力形式與暴力
形式之間作一絕對劃分，也不能在政府所用和革命者所用的強迫
手段之間作出同樣絕對的劃分⓯」。在爭奪權力和保持權力的過
程中，為強權所惑及醉心於權術之人有意無意都必定會做損人利
己的事情，捲入現實權勢之爭漩渦中的世人好壞程度如何往往取
決於他們所遇為非作歹之機會的多少。他甚至認為那給當代世界
幾乎帶來毀滅性災難的納粹之罪亦產生於一切國家所共有的罪與

⓭　同⓯，頁232。
⓮　同㊱，頁180。
⓯　同⑤，頁179-180。

惡這一根源⑯。本來，人類羣體力量比之個人更富有創造性和建設性，可以用來促進社會個人及團體之間的和諧與融洽，更有利於維護人類的共同生存，然而這種團體利己主義的頑固傾向卻使之背道而馳、不斷醞釀著人類社會的衝突與災禍。各社會團體都習慣於把一切人類美德歸於自身，而將一切人類邪惡推給異己，其結果它爲治療現存社會弊病而作出的別種選擇會每況愈下，更爲糟糕。社會團體的任何謀權慾求及其政治行爲都充分說明，人的這類行動既可以顯示人之超越自然限制的創造能力，也可以表示出人正妄圖將無限絕對的價值加給人生有限和偶然的存在。此乃社會不義與邪惡的來源，它使人之罪性更加彰明顯著。

4.人的罪感與悔罪：

根據人世之罪的種種表現，尼布爾深深意識到，人類個人和團體犯罪所達到的嚴重程度還在於人不願意承認自己是罪人，而「人類終極的罪，卽是他不願意承認自己是一個罪人⑰」。近代以來人類自我意識和主體觀念的發展，使其文化更有利於維繫和鞏固這一「人類永久的通病」。「它能提出那種種似乎是說得響的理由，來支持人類的自是之心⑱。」儘管這些理由會自相矛盾，卻沒有動搖其信心，因爲人們總以其中至少有一個能是眞的來自我說服、自我安慰，而絕不肯接收那證明自己道德墮落和犯

---

⑯ 參見 *Man's Disorder and God's Design: The Amsterdam Assembly Series.* New York: Harper & Brothers, 1948. Vol. 3, p. 25.
⑰ 同❶，頁119。
⑱ 同上。

罪的無可辯駁之事實。人們始終不曾想像到這種種理由或許全都是虛假、站不住腳的，但尼布爾在此卻證實並闡明了這一切辯解或遁詞的虛假性。在他看來，人的自我詢問或尋覓，無論是從自然達到理性還是從理性達到自然、無論是以自然的和諧還是以心智的和諧爲其最後的避難所或拯救地，都不可能揭開人生的謎底、找到其最終歸宿、眞正了解人的整個自由。也就是說，僅從人的自然必然性和理性思考的範圍，並不能徹底解釋人之靈性的優劣及其意義，現實人生的莊嚴與悽慘遠遠超過了近代文化欲以闡述人類生存的那種思維之限。因此，人的自我稱義和不以爲罪並沒有使人認識到其眞正自我，反而將之引入歧途。

人不認罪的現象在現實生活中極爲明顯和普遍。它一是表現在自我辯護，「凡自以爲義的罪人，必不知道上帝就是審判主，也不需要上帝作爲他的救主❿」。這種自義對己會非常寬容、諒解和袒護，對人則極端刻薄、挑剔和詆毀。它使人有了最大的罪咎，「種族、國家、宗教和社會的整個鬥爭歷史，都是說明那由自義而生的客觀惡行和社會慘象❿」。人不認罪二是表現在推脫罪責，爲自己尋找替罪羔羊，正如亞當推罪給夏娃，夏娃則推罪給蛇那樣，卸責之手總是指向他方。尼布爾對之頗有感觸，認爲人對罪之否認乃現代文化的標誌之一，它使現代人產生出一種「平靜的良心」，大家雖然罪孽深重，卻仍心安理得，泰然自若。這種對罪惡的平靜態度，更使世界無法拯救。

人世之罪的必然結果和最終象徵就是「死」。尼布爾認爲，「人類存在的終極問題是罪與死的危險，而且是以這兩種危險如

⓳ 同❶，頁194。
⓴ 同上。

此奇特地混合在一起的方式；我們因企圖避免或征服死亡和我們
自己的微不足道而墮入罪中，而死亡則是它的最終象徵[121]」。在
他看來，人「死是向罪死了」，死亡代表著人完成其生命野心這
種企圖的破壞和終結。人被造出來本是要服從上帝，但人卻試
圖「扮演上帝」，因而在其自由之中犯了罪，使自己在這個世界
中喪失了。他還以古羅馬帝國滅亡爲例來解釋團體之罪必死的結
果，指出：

> 先知信仰的眞諦使奧古斯丁能在眼見羅馬帝國崩潰時不覺
> 沮喪，而且答覆那些指責基督教爲帝國崩潰之原因的人
> 說，滅亡乃是「世上之城」的必然定律，而驕傲卽是它所
> 以滅亡的原因。[122]

人之罪惡使其在謀權求勝中要千方百計摧毀別人，而其鋌而走
險、一意孤行又注定會毀滅自己。

　　旣然人世皆惡、人類皆罪，那麼個人與團體就不可能實現自
我改造和拯救。人的本性和其罪性之間的衝突靠人自身的能力是
無法解決的，人越努力就越有罪，人越想靠自我意志來解脫自
己，在罪中也就陷得越深。然而，尼布爾對人類本性和其命運的
剖析及審視並不是讓人放任自流、自甘沉淪，而是呼喚人們在認
識本身之罪的現實基礎上徹底悔罪，爭取從罪惡中超越，以達到
昇華和拯救。

---

[121] 同[14]，頁6。
[122] 同[1]，頁212。

　　人之所以有可能獲救和擺脫罪惡，就在於人在犯罪及開脫罪
責之際仍有著強烈的罪感。如前所述，尼布爾曾穎悟到人的「焦
慮」乃是這種罪感的流露和掩飾。人對無限的渴求促成了人的創
造和墮落，而人的憂慮不安正說明其意識到這種逆反傾向所造成
的生存分裂及自我矛盾。人之存在的有限時空和人之靈性的無限
自由構成了人性的詭逆和衝突，使其靈魂深處分天壤、寸心之間
異得失。而人的焦慮反映其極爲頑固地渴望、期盼著二者的一致
和協調，它源自人的靈性自由對無限的希冀和強求，也是人對其
現實行動及存在都不可避免的有限性和相對性的意識和承認。本
來，人的犯罪並不因其有限性和克服這一有限的要求，而是來自
人在克服其有限性之努力中的自以爲是、自比神明之舉。尼布爾
說：

　　　　人能層出不窮地超越自己，並不能在上帝以外找到人生的
　　　　目的，這是表明人類的創造性和卓越地位；與這種能力相
　　　　連的，乃是他欲將那偏私有限的自我和偏私有限的價值，
　　　　變化爲無限的良善。這就是人的罪。㉓

人的這種徒勞行動不可能取得成功，卻由此產生出人爲的罪惡。
所以，焦慮既是人之行動的起因和出發點，又是此必敗之舉的歸
宿和負罪感。人的焦慮意識本身並不是罪，但它引起的僭越行爲
卻是罪，而其具有的責任心又會使人認罪和悔罪。從焦慮意識的
前一層面來看，它使人的行動帶有一種「有意的欺騙成分」，因

㉓　同❶，頁120。

爲「那窺知隨罪行而生的各種自欺辯護的自我」同樣也深知人如
此行動並非必然或不得已而爲。相反，人採取行動是想要伸張和
發揮自己的自由。「他發現在行爲中有一些有意的欺騙成分，那
就是說，自我在那一個行爲上並非盲目地，不得已地做著❷。」
從焦慮意識的後一層面來看，它使人對其罪行也總是負有責任，
這種責任感或負罪感卽體現在人犯罪之後所感到的懊喪與悔改，
是對其自由和自欺行爲的反省及自責。焦慮意識表露出的這種自
覺性罪感和自責，進而深化了對人的靈性自由及其意義的認識。
尼布爾冷靜地看到，「一個不充分自覺的不安良心乃是進一步犯
罪的根子」，因爲人會拚命掙扎著要防止自己的懊喪和自責，結
果以犯更嚴重的罪來爲自己掩飾 ❷。與此同時，尼布爾則肯定了
自覺的罪感及悔罪意識的積極意義，指出「對罪污的發現也是自
由所獲得的一種成就」，因爲「發現人的自由也同時是發現人的
過失」、「人在發現他的不自由時才是眞有自由❷」。當然，鑒
於人的有限本質，「悔罪的經驗並不阻止自我在往後的行爲上再
有新的欺騙發生。……有時他可以衡量自己的情形，發現自己的
罪。然而他可能又爲憂慮所乘而再陷於罪中❷」。

　　通過對人之焦慮的雙重涵義及人在罪感和悔罪上所表現出的
自由與有限之分析，尼布爾提出了「思想上的自我」與「行動上
的自我」之間的異同和區別。二者的區分異於「靈性的自我」與
「自然生機的自我」之對比，都直接與人的靈性自由相關。

❷　同❶，頁249。
❷　同❶，頁250。
❷　同❶，頁253。
❷　同上。

行動的自我之所以有罪是因為靈性的自由打斷了那在自然
中的因果鎖鏈，所以他就想要超過他正當的地位去持守種
種威儀，把握各種安全，並要求各種神聖尊嚴。……當自
我行動時，他就為自己的有限價值要求絕對價值，並妄將
他的生活當作是全世界生活的中心。⑫

與之相對應的是：

思想的自我，在感到自己的罪時，並不是面對著另一個不
是真我的經驗。自我只有一個。……人在思想時，對於人
生全盤的處境具有比較清楚的看法，所以在若干程度內，
他感覺到他的行動中所有的混亂與欺騙。……當思想的自
我在痛悔中感覺到自己在行為中的罪過時，他或者在往後
的行為上，要因這種感覺而獲得一種較高度的誠實。⑫

不過，尼布爾強調，「思想的自我」仍然是有限的自我，其回想
與自省尚不能從根本上避免將來行為上的敗壞。況且，思想與行
動的兩種自我並沒有絕對分開；自我有時是在行動之中，有時則
在思想其行動；甚至思想和行動本身也不能截然區分，「凡為那
有限自我的利益、指望、恐懼和雄心打算的，都是屬於行動之
列；因為它是準備將有限的與終極的混為一談的一種虛妄舉動，
而這種舉動乃是一切行為所不能避免的⑬」。由此可見，自我亦

_____

⑫　同❶，頁252。
⑫　同上。
⑬　同❶，頁253。

有「當局者迷，旁觀者淸」的兩種感受，其現實存在使自我在行動中把其感悟的最後眞理及價值錯誤的和其實際需要混在一起，而其靈性超越卻使自我在思想中能獲得一定程度的自知之明和悔罪之感。這便是自我的矛盾和分裂。

受帕斯卡爾關於世上只有「相信自己有罪的義人」和「以自己爲義的罪人」這兩種人存在之說的影響，尼布爾亦按「自義之人」和「悔罪之人」來區分人之道德品行的差別。而且，他認爲人的悔罪之心實質上與宗教感觸和經驗相關，「一切懊喪與悔過，一切出自不安良心的經驗，就是宗教的經驗[131]」；這樣，上述兩種人的區別，實際上已蘊涵著「世俗之人」與「宗教之人」的本質不同。在尼布爾的心目中，罪感與人的宗教靈性相關，且與靈性之感俱增。這種罪感在那些缺乏宗教靈性的人心中被視爲病態，他們卻沒察覺自身靈魂所蒙有的翳障。正如知者方知自己無知、聖者才感自己非聖那樣，只有悔罪之人眞正達到了敬仰上帝的心境，其罪感與悔罪表明人認識到上帝乃是審判者和救主，感觸到上帝之愛及恩典。這樣一來，人的罪感及悔罪的經驗便與宗教信仰掛上鈎來，並使人獲得「與悔改之心相稱的果子」，卽能從人之靈性與上帝間的直接關係上認淸罪的本質，並且有了超脫罪惡，得到救贖的希望和信心。

四、十字架的眞理與信仰中的新我

悔罪的經驗使人認識到釋罪與除惡問題只有靠上帝的恩典才能解決。這裏，尼布爾強調人的得救有待於基督教信仰的指導，

---

[131] 同[1]，頁250。

因爲在「基督」之意義中可以找到澄清人之慾求及存在窘境的眞
實答案。就人之努力而言，「不問人類的道德和宗教的成就到什
麼地步，人類的作爲總是違反神的意旨的⑱」，「一切自我內心
的衝突，和人與人彼此間的衝突都是罪惡⑬」。但從基督之拯救
意義來看，其彰顯上帝國度的靈性之光卻能使人超越自我，以登
樓臨風、高屋建瓴之勢來對人生加以觀照透視、回顧反思、撫躬
自問或憧憬期盼、追尋覓求，從其悲壯和淒迷之中悟出人的本性
與命運，窺見信仰眞理的永恆價值。尼布爾指出，正是鑒於人的
罪惡和自我迷戀，「所以基督教必然產生了一個不安的良心。只
有在基督教信仰的觀點上，人不但能了解罪惡的眞實性，而且也
可避免將罪惡歸於別的事物而不歸於人本身的錯誤⑭」。「在基
督教的信仰中，基督使人面臨上帝」，而「人一旦遇到上帝的聖
潔與權能，一旦清楚覺到上帝是一切生命的眞正中心和來源，自
我就被粉碎了⑮。」因此，他堅持只有基督教的信仰才能使人在
罪的迷津之中認識自己的處境，幫人認罪、悔悟、獲得上帝的救
贖。於是，他在其人生哲學中提出了負罪之人應靠基督教而得拯
救的信仰主張。

1. 面對上帝的拯救之途：

　　人學研究及理性思辨雖能展示人之存在中難以避免的罪惡現
象，卻不能對之加以令人滿意的說明。尼布爾認爲，揭示上帝之

---

⑱ 同❶，頁333。
⑬ 同❶，頁370。
⑭ 同❶，頁16。
⑮ 同❶，頁395。

啟示的基督教已爲這種人生的沉淪與奮爭提供了極好的闡釋，基督的眞理就是對人之實存處境非常貼切的宏觀總括和微觀探幽，給人一種騰凌絕頂俯覽羣山的視野和氣勢。因此，人生的正確選擇及其意義的眞正實現就取決於人是否皈依基督、面對上帝的拯救之途。

第一，基督教「人皆有罪」的教義乃是一種不停息的挑戰，要人對表面上的膚淺道德裁判，特別是那些爲自義之徒用來自足的裁判重加審查，從而使人了解自我之罪，也洞察人世之惡。

> 因爲若不了解人心中的一般罪性，就無法了解每一時代中所謂成功與得勢的人的狂妄和驕傲。若不明白一切世人在上帝眼中都爲有罪的道理，那麼，對那些藉著權勢順利地將人類的軟弱與不安之心遮蓋起來，並藉著善工，將人類的罪惡掩飾了的人，就不容易看出他們所犯的那種特別的罪。⑯

第二，人要眞正認識自己，必須面對上帝。尼布爾覺得上帝的眞理猶如陽光，指出只有當人面對它時，人的眼睛才能接受它，而自義和不悔罪的人卻是背對上帝，結果「光照在黑暗中，黑暗卻不接受⑰」。因此，人「要眞實地了解自己，必須先相信他是爲一位超乎自身之外者所了解，而且爲上帝所知所愛，同時也必須以服從神的旨意來發現他自己⑱」。

---

⑯ 同❶，頁223。
⑰ 同❶，頁500。
⑱ 同❶，頁14。

　　吸取傳統神學和當代一些神學家失敗的教訓，尼布爾在神人
關係上注意用現實主義觀點立論，以免墮入宗教虛無主義或宗教
與世無關論的危險深淵。他認為，路德神學中的個人內心成聖
說將其稱義說的眞理掩蔽了，路德所謂得救者在基督教裏的「仁
愛、喜樂、和平」，乃是一種神秘的超脫境界，它超脫一切人間
矛盾、甚至包括道德上的「責任心」；而對人世，路德卻表現出
失敗主義和悲觀思想，採取了無爲主義的態度；這種對「靈性國
度」與「世俗國度」的截然劃分，以及對「內心自我」與「外在
自我」的絕對割裂，不免增加了社會倫理中的詩謬成分，使個人
寄希望於冥冥苦思，對人世的犯罪與自我的過失熟視無睹、無所
慚愧。「這樣聖者將被引誘而逗留於罪中，好讓恩典加多，而罪
人卻流汗流血去勞苦，以使人類社會達於略微好轉和稍臻公道的
地步⑧。」爲此，他對這類自命清高、超塵脫俗的「聖人」表示
蔑視，並勸人們不要學其迴避現實卻使良心趨於苟安之舉。

　　尼布爾還進而批評了巴特和布龍納等當代神學家的思想。他
認爲巴特否認人有任何與恩典的「接觸點」、堅持上帝與世人毫
不相干、上帝對人的啟示除了啟示本身所創造的以外實際上與人
毫無接觸等論點是完全錯誤的；既然人都存留著一點「原義」、
來自上帝的形象，那麼人與神恩就必然會有某種接觸和交往；而
當人與人發生羣體存在之關係時，上帝的國度和愛的要求總是與
世人的各種政治制度及社會情形有著千絲萬縷的複雜聯繫。因而
人的動亂並不能破壞上帝的計畫，冥冥之中仍有著上帝的拯救。
他覺得巴特神學雖對教會思想深有影響，但純屬消極方面，並不

------

⑧　同❶，頁478。

可取。

　至於布龍納的錯誤，則在於他一方面雖認識到人所追求的目的皆空虛無益， 其用來達成目的的手段都可鄙可憎， 另一方面卻又讓人樂意接受一切社會的不義、堅持在律法上無眞正公義可言，從而在人世持一種無謂與逍遙之態。尼布爾認爲布龍納的說教會，使人對社會不負責任，結果加增世界的不義和邪惡。

　面對上帝使 人既能 直接認識自身 的罪惡及其存在 的兩難窘境，又不致就此而放任自流、自甘沉淪。這種信仰正是對自我有限的體悟和向無限存在的歸依。在此，上帝的啟示彰顯著永恆眞理與人生意義的相通相異，調節著人之有效追求和作爲，並不斷維護著實存之人超越自我的靈性理想和獲救信心。

　第三，人以上帝爲其生命中心，這才是人生的意義。尼布爾指出：「基督教曾提高了人的個性，因爲按照基督教的信仰，靈性的自由最後只受上帝意旨的限制，而人心中的奧秘也只有神的智慧才能完全知道，並加評斷⓾。」既然人具有「上帝的形象」，就能超越世上一切常規的習俗，使世上「萬物都是你們的」；人的罪只是由於人忘記了「而你們是屬基督的」。他認爲特別值得強調的正是保羅所說的最後一句話，只有人類認識自己是屬基督的，把自己歸入上帝的懷抱，才能獲得生命意義。他說，人有三種感受，一爲對外虔敬依賴感，二爲道德義務責任感，三爲自我渴望赦罪感；而這三種感受能得以支持，乃是因爲上帝的眞實存在。具體而言，人的依賴感是因上帝爲創造者，人的責任感是因上帝爲審判者，人的求救感則是因上帝爲救贖者。此外，人之得

⓾ 同❶，頁55。

救又靠信、望、愛這三種美德。他認為，沒有信，人不可能從使
他犯罪的憂慮中解脫出來；沒有望，人不可能無畏地面對未來；
沒有愛，人則不能富有創造地把自我與其同胞相聯繫。人對上
帝存在的信仰，使其沒有信心的懊喪哀愁變為充滿信心的悔罪經
驗，因為這種悔罪經驗總是顯露出「一種認識上帝的心」，「表
明人模糊地認識了上帝不只是審判者，也是救主。……人若不知
道神的愛，他的懊喪就不能變成為悔罪的心❹」。所以，人若以
上帝為中心，就會為其現實人生增添「一種懊喪的精神和一顆悔
悟的心」，最終通過懺悔而認識上帝，堅持謙卑而達到高尚，滌
除罪惡而獲得拯救。

2.十字架的神愛與眞理：

當人們陷於歷史與永恆、自然與超然、有限與無限、相對與
完善這種矛盾勢態之中百思而不得其解、百問而不得其答時，尼
布爾強調基督教信仰的闡釋和解答有著極為獨到的意義及價值。
這是因為，那些能使人生獲得意義的社會和歷史主張一旦遭到無
法挽回的挫敗，感到幻滅之人就會失去其人生意義、出現精神崩
潰，除非人事先已有一種能以永恆的觀點來解釋各種人世挫敗的
信仰立場作為依靠，方能避免其幻滅與崩潰。而基督教恰好提供
了這一信仰立場，它使處於上述對立張勢之中的人類個性得以維
持。為此，尼布爾在解釋基督教這種獨特作用時斷言，「只有基
督教的信仰，才能兼顧個性的自然與靈性雙方面的基礎」；它既
對歷史認眞、承認各人在歷史中的地位、特性及作用，又以永恆

---

❹ 同❹，頁251。

的意義來解說歷史，不以人的歷史成敗論英雄，使其意義能超乎歷史之外❿。也就是說，「只有基督教的信仰概括著個性的觀念和眞實性，因爲只在這信仰中，一個個人能够站在歷史之中，因爲他的信仰肯定了歷史的意義，他超乎歷史之外，因爲他所主張的歷史乃是受永恆意旨所支配的❿」。「只有在基督教的信仰中，那處於自然與時間過程中沒有意義的被造之人，才能藉著那維持他的上帝的慈悲和權能，來使他的生活有了意義❿。」

　　基督教對人之生存結構及其意義的上述界定，集中體現在基督教信仰的核心象徵「基督的十字架」上面。它代表著基督宗教的與眾不同，且極爲鮮明地突出了它有別於其它任何哲學或信仰體系的獨一無二性。尼布爾指出，「基督教的信仰承認十字架爲最後『完全』之象徵，比神學中的理論說法所能表明的更清楚。因爲基督教的信仰認爲十字架乃是那超越了人與人的罪惡競爭的歷史頂點❿」。作爲人世受難和拯救的標誌，十字架不僅使耶穌基督的形象熠熠生輝，而且也喻示著基督教的信仰眞諦。這裏，尼布爾認爲基督的十字架既象徵著基督自我犧牲的神愛，同樣也象徵著上帝完善的眞理。他清楚地看到，體現基督與上帝關係的中心環節是十字架，以及它的發生和象徵意義。這也正是解釋基督之意義的焦點所在。十字架揭示了出現在歷史中的拿撒勒人耶穌是上帝之子和人世救主，並證實了基督教信仰與人類存在經驗的相詿和牴牾。在此，尼布爾試圖克服現代思想精神與基督教信

───────────

❿　同❶，頁66。
❿　同❶，頁67。
❿　同❶，頁87。
❿　同❶，頁363。

仰洞察和靈性審視的疏遠或隔膜，想從分析這種傳統信仰的文化及社會關聯來證實其眞實性，以使之成爲人們認識人生的眞理。

作爲基督犧牲之愛的象徵，十字架的意義就體現在基督「失敗的勝利，受難的愛心」之上。失敗反映了俗世的腐敗邪惡和積重難返，勝利表現了人靠神恩方能得救；受難展示了替人贖罪的壯舉，而愛心則代表了上帝的無限恩典。基督在失敗和受難上表現了人的歷史存在，而在勝利和愛心上彰顯出上帝的超然拯救。基督在十字架上捨身犧牲而給人間帶來了神聖之愛，這一事件發生於歷史之中，卻具有超越歷史範圍的深遠意義。它一方面啟迪人們去領悟在基督身上那人神結合、神人相通的昇華境界，另一方面則使人沉思其犧牲之愛對歷史意義的澄清與超越。

十字架上的受難昭示了基督道成肉身的本質和其贖罪救世的使命。道成肉身曉諭基督是上帝，而贖罪救世則證實基督爲救主。基督的受難說明天國的純潔與人世的罪惡水火不容、勢不兩立，也表現上帝對罪孽之人的憐憫寬恕、大恩大德。這樣，在十字架上受難的基督既爲上帝神性在塵世的啟示，又是那能超越歷史及自我之完美人性的典範。

十字架所表現的基督犧牲之愛和捨棄自我，在歷史之中乃「愚不可及」、「荒謬絕倫」之舉；因爲「從歷史的觀點來說，交互的愛乃最高的善。只有在一個人的愛促進別人的情愛的那種彼此的關切中，才能滿足人羣在歷史中生存的要求。歷史中的最高的善，必須與整個歷史生機和諧一致。有關眾人利害的一切要求，必須顧到，而且彼此和諧聯繫。就有限性的歷史生存來說，爲別人犧牲自己，乃是違反一切道德的自然標準的[146]。」由此可

---

[146]　同書，頁359。

見， 犧牲之愛與人世歷史中 的利己力量形成 鮮明對比和極大反差，它是對世俗功利關係的徹底否定和擯棄，因而有著超越人類存在及其歷史的神聖涵義。尼布爾說，那象徵著神愛，啟示出神之完全並非與其歷史中的受難不符的十字架，充分表明人的完全亦不能在歷史中達成。「犧牲的愛是超越歷史的。……它乃是歷史中的一個行爲，可是它不能在歷史中證明自己爲是**⑰**。」從歷史中的道德觀點來看，犧牲之愛代表著超脫道德常範而達於永恆的一條路線。但這種神聖之愛並不因其至高優傑而以君臨天下之態來欺世，也不因其謙和適度而藉流於互惠之愛來媚俗。於是，它在歷史中成爲因放棄權力而「卑微無能」、「愚蠢不堪」的詩謬象徵。尼布爾對之曾解釋說：

> 基督裏的神人關係不是矛盾的，而是似非而是的眞理。神的愛之最高尊嚴、最後自由，和完全的超脫利害關係，只能在歷史中以犧牲的精神（十字架的愛）表現出來，因爲它拒絕現實人生中的一切要求。它所表示的愛是「不求自己益處」的。然而一個不求自己益處的愛心是不能在人類社會中維持著的。它不但要成爲別人的各種自私表現的犧牲品，甚至社會中最完全的公義制度，亦不免成爲各種競爭意志與利害的均衡關係，凡不參加在這種均衡關係中的人，必然遭受挫敗。……神除了在歷史中放棄他的權力，或說在歷史的競爭中放棄使用權力外，就無法表明他的愛心。在人世間的社會中，不管一個人是如何公平具有遠

見，他若參加人生中的競爭比賽，終不能達到一種完全超脫利害關係的地位；只有拒絕參加競賽，他才能顯出超越的愛。⑭⑧

作為上帝完善眞理的象徵，十字架的意義則在於它完成了人之終極關切與其實際存在的有機聯繫及緊密結合，並以基督作為人在歷史中的最後完全。從其理論意義來看，十字架已把基督教信仰的基本敎義和盤托出，尤其是將其基督論和贖罪論、恩典說和稱義說等神學理論發揮得淋漓盡致。從其象徵意義來看，十字架極為形象地表現了永恆與歷史、審判與恩典的辯證關係，它使人感悟到永恆的魅力和歷史的實在，體會到上帝審判的震怒與威嚴，以及上帝恩典的憐憫與寬恕。十字架的一端預示著永恆上帝的終極完善和終極意義，另一端則反映出人世歷史的相對存在和有限作為。而基督在十字架上的受難卻使這兩極相通，將那超然的永恆之光映入人的存在及歷史之中，從而建立起二者之間互相呼應的一致性關係。這就是神的無限恩典和人的終極關切所達到的相遇。因此，十字架的信仰眞理「認為那啟示了上帝為超越於歷史之上的基督，亦卽是人性的完全常範⑭⑨」。這種「完全」既非總合各種德性，也非持守各種律法，「而是在乎犧牲的愛之完全」。於是，基督那超越一切利害關係的犧牲之愛遂成為人生的最高可能。基督之愛與人性的完全之所以能相提並論，就在於二者既都與歷史相關，又都超乎歷史之上。「愛是人性的最後常

---

⑭⑧ 同❶，頁362。
⑭⑨ 同❶，頁359。

範；只因爲人性不完全限於歷史之內，所以歷史中沒有人性的最後常範⑮。」這種愛只求符合神聖的愛心，而不求與人的利益和生機相一致，它已超越人世間和歷史上那普遍通行的公義與互惠之常範，從而使人們原以爲天經地義、順理成章的一切道德規範和社會主張都產生動搖。基督的受難正「表明神的愛屈尊下降，以犧牲的作爲勝過歷史，而人的愛則在犧牲的作爲中超越於歷史之上⑮」。不過，基督這一具有終極意義的道德要求，並不能被世人存在的現實狀況所證實，而只可通過對人之存在的整體性及可能性的揣視與洞見來加以信仰的肯定和讚許。因此，貫徹基督的人生目標，就是超越自我、追尋永恆、施行上帝之愛，其最高行爲卽放棄自我，不以自我意志爲主宰，使其生命在十字架之意義上達到完成及完善。

基督的十字架在此已成爲上帝救世工作的充分見證。對於基督在人世的意義，尼布爾還從「在我們中的基督」與「爲我們的基督」這兩個方面進行了解釋。前者在從《文明是否需要宗教》至《悲劇的彼岸》這一時期的著作中得以強調，後者則體現在由此至《基督教現實主義與政治問題》之間的一系列著述中。

「在我們中的基督」乃強調基督的現實意義和在這個世界上的作爲。其意義就在於基督旣具有「另一世界性」，又已捲入人世歷史這一「具體形勢和物質環境」之中。尼布爾從未否認基督宗教的超然價值和彼岸追求，他在反駁現代教會中否認基督之「另一世界性」的世俗化觀點時指出：

⑮　同❶，頁365。
⑮　同❶，頁362。

現代基督教以這樣的情緒來意欲摧毀其另一世界性的深奧
力量，說它們代表著一種東方色調，對於耶穌福音而言是
偶然卻不是本質的。它們是東方的這毫無疑問，但這恰好
乃因為它們是宗教性的；此外，若把它們視為偶然的，則
會喪失福音的整個意義。……那種體現在耶穌人格之中且
仍被西方所尊重的絕對道德價值，是與這種另一世界性有
機相聯的。⑯

但是，這種價值和追求絕非憑空而來，基督之愛不能僅被歸入純
粹超然的道德範疇。「基督與我們同在」恰恰說明其典範及理想
確實在促進人之道德倫理的完善和人類社會歷史的進步。人之救
贖仍然需要自我在有為與無為、自立與自流之間的適度把握，因
為：

> 人性雖不能僅僅根據其環境來理解，卻也不能就全然根據
> 那毫不考慮其得以發展之物質世界的絕對來理解。人性的
> 最終勝利必須靠超越其具體形勢和物質環境才能取得；但
> 是，如果環境不事先被利用和改進到得以提高個人價值之
> 程度，那將是一種虛幻的勝利。靈魂既是物質世界的犧牲
> 品，同時又是其主人，它靠放棄世界而取得最高成就。但
> 它若不盡一番看似無效實則有效的努力來使自然世界與人
> 性需求趨向一致的話，這種放棄就是極不成熟的。⑯

---

⑯ 同㉜，頁171-172。
⑯ 同㉜，頁183-184。

雖然永恆與現實之間鴻溝相隔，當代文化因沒弄清人類自我捲入世界歷史之複雜程度而不能解決人的存在困境和詩謬，但「在我們之中」的基督卻已標誌著人世歷史所應有的道德規範和理想標準。人之歷史存在不能達其圓滿完善，卻由此讓人儆醒覺悟、內疚悔改，生出進取之心。「在我們中的基督」說明那具有超然意義的十字架上之受難正是在這個世界中發生，並對這個世界產生了影響。

「爲我們的基督」則是強調基督的救贖和神恩對人的作用，突出基督具有的超然價值和意義。基督曾在這個世界出現，但並不屬於這個世界。基督在人世的生活是爲了完成上帝的救恩、體現神之權能與愛心。人的成就無論達到任何水平都與上帝相詩，基督與人之歷史的相關性就在於促成世人承認這種矛盾、幡然悔悟。「爲我們的基督」在世上爲人受難、替人贖罪之舉，給人帶來了悔罪的情感和謙卑的誠心，這就爲人的生活樹立起新的榜樣，並且使人在歷史的變遷和災難中領悟上帝的權力和救世計畫，獲得自己在歷史彼岸將會最終得救的啟示及信息。

基督之所以能作爲人之本性的原有標準和人在歷史上的最後完全，乃在於其本質卽「上帝之子」和「第二亞當」，代表著人的最初和最終完善。尼布爾認爲：

> 基督爲「第二亞當」之說旣駁斥了那以爲人類可重返於原始天眞之浪漫主義，和那以歷史爲朝向著完美前進，最後雖仍然根據自然，卻仍超越自然的那種進化樂觀主張，同時也駁斥了那些希望藉玄思默想，最後進入永恆的完全，

而將歷史中的一切生機與個性盡行排除的神秘主義者。⑮

人之歷史發展的特性可用這「第一」和「第二」亞當之說來概括，前者以原初的天真純樸來說明人的歷史存在包括其與自然存在的和諧關係，後者藉超然的犧牲之愛來揭示人亦有超歷史的自由。因此「第二亞當」既顯現在人超越其道德常情而求達永恆的作為中，也展示在人克服其疑慮徘徊之信心上。人生只有通過渴求其無限目的才能達到其最初的純真，而且遠不止如此。基督以其「第二亞當」的完全不只是恢復了「第一亞當」墮落之前曾有過的完全，他已無限勝過其原有的完全。

　基督的意義使現實之人具有兩種標準，一為「人之本性」的標準，二為「人之存在」的標準。如前所述，其本性標準盡善盡美地體現在基督身上；據此觀之，作為人的全部可能性都可理解、都能達到。而其存在標準則是對人的現實存在作出規範、繩之以法，給人的實際作為加以界定。這兩種標準極其深刻地反映了「理想之我」與「現實之我」的矛盾衝突，正如在被釘上十字架的基督身上，人們看到了自己的本質特性：基督乃人之本質的真在，因而是人本應該成為的，但在實際上又是人所不可能成為的⑮。人可獲救的根源就在於人的這種本性，它在與基督的信仰關係上得到明確理解。基督通過十字架上犧牲之愛而揭示自己正是那本質之人，其十字架亦意味著「人類歷史整體特徵」所顯現的意義和所預表的完成。人在十字架上穎悟到人生標準之真在，

---

⑮　同❶，頁377。
⑮　參見 Gordon Harland: *The Thought of Reinhold Niebuhr.* New York: Oxford University Press, 1960, p. 20.

看清了人的眞正本質及其眞實狀態。因此，人對十字架意義的心領神會，並非某種外加的東西，而是人「反躬自問」、「反身而誠」這一自我認識的必然結果。但極爲遺憾的是，在人心中的基督僅僅是一種指望，人要達到基督的完美也只能是一個願望，並非其眞實的成就。這樣，人不是以一種佔有，而是以一種缺乏，卽以一種人應該完成卻沒能完成的法則來體會到人的本質特性。這種特性在基督身上得以實現，基督因此代表著人生意義及期盼的完成。

基督及其十字架所彰明的中介作用和歷史相關性充分證實神聖之愛和上帝的完善眞理並非那漠然人世的絕對另一體，所以，認識上帝不靠在道德常情和自然規律中探索揣測，也不靠形而上學的冥思玄想，而靠對基督之現實存在及其意義的體悟與感受。尼布爾總結說：

> 基督教中所啟示的上帝並非拋棄世界不問，卻是藉著他最莊嚴的性格來究問世事；所以神所訂定的最高完全不是叫人達到一種已擺脫了一切自然的和歷史的生機的境界。最高的統一乃是愛中之和諧，在這和諧中自由的我與自由的人乃在神旨意中發生關係。⓹⑥

3.信仰中的新我：

在基督信仰中，人會經歷一種從「舊我」到「新我」的脫胎

⓹⑥ 同❶，頁 381。

換骨。這種體驗表露了人之內在自我的遽變，其罪惡、墮落的「舊我」在上帝的審判和處罰下走向死亡，而那純潔、質樸的「新我」則在上帝的恩典和慈愛中得以萌生。尼布爾在此曾引證保羅說：

> 「我已經與基督同釘十字架，現在活著的，不再是我，乃是基督在我裏面活著，並且我如今在肉身活著，是因信上帝的兒子而活，他是愛我，爲我捨己」，贊同保羅「將基督的死和復活來象徵舊生命的毀滅與新生命的誕生」。❺❼

在他看來，那有罪的舊我乃患了致死的疾病，其自我中心主義之頑症表現出人之本性和靈性上的雙重軟弱，它已不能靠教誨的啟迪來拯救。根據犯罪受罰的公義原則，這一舊我必須在十字架上釘死、必須被粉碎毀滅。但自我並不因爲舊我的死亡而失去自身，而是以一種新的存在方式來繼續活著，即以新我來成全和完善自我。尼布爾說：

> 基督教的新生命的經驗乃是一個新我的經驗。那新我是一個更真實的我，因爲它不再以自我爲中心。現在自我因爲朝向著愛上帝並忠於上帝的方向，就能爲別人而活；只有上帝能使人超脫偏私的利益與價值，而達到自我的真自由。新我乃是真正的我；……這真正的我，在本質上是無限地超脫自我的。❺❽

---

❺❼ 同❶，頁394。
❺❽ 同❶，頁395。

然而，人的「新我」在歷史中從未達到過其完美的實在。人只是憑其信仰而體驗到這一「新我」，並將之作爲自我追求的目標，其理想意義上的完善卻不可能在人世歷史中實現。尼布爾指出，人之新我的誕生並非出乎自己的能力和志願，而是來自上帝賜予的恩惠和能力；其實，

> 新的自我並非眞實的成就；在每一歷史的情況中，都免不了有那以自我爲中心的妄以爲完全的罪；所以新的自我是那仍然在盼望中的基督，而不是一種實際的成就。它只是靠信心而存在的自我，它的主要目的和志向都是以基督爲常範。它是只靠恩典而存在的自我。卽是上帝的憐憫將基督的完全加予它，並以它的新意向當作實際的成就。⑲

由此可見，新我的自由仍有其信仰前提和界定，不可能根本迴避永恆與現實之間的矛盾。人在現實世界中只能朝著絕對的目標達到相對的成就，但這種相對可能性對於人生及其救贖卻有著實實在在的意義。因此，尼布爾告誡人們不要去胡思亂想那些海市蜃樓、虛無縹緲的東西，而應在現實中身體力行那種滌除罪惡的宗教生活，以接近人類的新自我，定基督的方向爲標準。在這一意義上，尼布爾愛把人比作摩西，說他已從遠處瞥見了「應許之地」，而且在人世上也已朝著它取得了一些進展，卻不能在歷史中進入此地。總之，「上帝之國不屬於這個世界；但它的光芒照亮了我們在這個世界的任務，它的希望則把我們從絕望中拯救出

⑲ 同❶，頁399。

來⑯」。

　人在理想標準上的完善與人在具體歷史中的行動之間存有距離，說明人在社會關係領域中不可能完全成聖，那象徵靈性新生活開始的「新我」只是在基督的存在典範和救恩意義上才被視爲成聖和稱義。

　　　在基督身上歷史旣已達到終結，又已出現新的開端。斷言
　　　基督是歷史的終結，卽表示在他的生、死和復活中，人的
　　　歷史存在意義終於得以完成。……斷言在基督身上有一個
　　　新開端、創立了人類歷史的一個「新時代」，則意味著那
　　　種理解到生活眞實意義的信仰智慧在自我之中也已包含著
　　　那作爲生活更新前提的悔罪經驗。⑯

只有根據信仰基督的體驗，才有可能眞正弄懂生活的意義；否則，人不是完全毀掉生活的意義，就是從中得出虛假的意義。
　在現實生活中，人的存在受到兩種重要因素的影響和制約，一爲其歷史進程，二爲其社會制度。前者是人在其中發揮作用的時間範圍，後者則爲人必須與之相適應或相鬪爭的空間環境。作爲人之存在氛圍的這種時空縱橫剖面，亦將人截成「本質的人」和「存在的人」這兩個層面。尼布爾認爲，人的本眞卽那「我應該做而實際上並沒有做的善」，它表達了一切人所處的眞實狀態及人的本質與存在之間的緊張關係。人在本質上可以達到超越、

──────────

⑯　同⑭，頁135。
⑯　同㉛，頁139。

臻於完善，但在其實際存在中卻擺脫不了罪惡的糾纏和敗壞。然而，

> 卽令人深陷罪中，也不會以罪中的痛苦爲常態。他總不免
> 追憶到往日的蒙福，他所干犯的天律總不免在他的良心中
> 起回聲。每當他想把罪的惡習強裝爲常態時，就不免顯出
> 不安的良心。那本來的眞我與後來的習染之我的差別是各
> 人都能感覺到的，甚至那些不知此種差別是在每人身上，
> 且植根在人的意志深處的人也感覺到。⑯

「本質的人」是指人「應該」達到的程度，指人根據上帝的創造
所具有的完善和純潔，但這只有抽象性和指導性意義，而無實際
可能。「存在的人」則表現出人在現實中的複雜處境。人對其生
命本質及法規已有所認識，對自己的破壞和誖逆也有所察覺，但
又因其自利傾向而情不自禁、身不由己。這樣，人的實存既表現
了罪的猖獗，也反映出良心的譴責，人雖在世界中異化了自我，
卻又在內省中回復了個性。人已成爲各種因素聚集的焦點，那傳
統的回聲、歷史的共鳴、現實的巨響及未來的微音，就在此匯成
一部雄壯且悲愴的人生交響曲。因此，「存在的人」不是人性標
準的根源，但對洞察及明瞭人生不可或缺；「本質的人」對人性
作了終極的界定，卻超越了人生經驗和實際存在的自我。

認識到人性中這兩個層面的交織共存，這正是《聖經》之言
「心裏作難，卻不至失望⑯」的眞諦所在。尼布爾說，人的生命

---

⑯ 同❶，頁261。
⑯ 《新約·哥林多後書》，4章8節。

的終結是一個終止，卽他在人世之生涯的突然結束，但這並非其目標或眞正的結束，人生意義在此便超越其歷史性。這樣，尼布爾按其對信仰中之「新我」的理解而把人的命運歸爲兩點：一是人必須有勇氣在自己的生活及所處時代的精神運動中積極、現實地了解，宣揚上帝的本質、意志和審判，並見證上帝恩典的行動；二是人必須承認自己有限和相對的成就，認識到最後拯救還要靠上帝的恩典超越歷史和自我來獲得，卽「在現實中悔罪由自己，在希望中得救靠神恩」。

　　通過對西方幾種主要人生哲學的審視比較，尼布爾認爲，基督教的人性觀雖然不如古典和近代學說那樣重視或強調人的心智與德性，但它對人之靈性的把握和評估卻能更透徹、更正確地認識和解說人之本性與命運。因此，他以基督教的人性觀爲基礎來奠立其現實主義人生哲學體系，並從這一人生觀出發來闡述人世社會、歷史文化、道德倫理和現實政治等問題，形成其歷史哲學和政治哲學的獨有特色。

第四章 歷史哲學

一、對西方歷史觀的回顧

　　人類歷史也是自然與精神之混合。人既為歷史的受造者，又是其創造者。歷史意義的探究對於理解人生及其信仰同樣極為重要，為此，尼布爾在其思想體系中以其人生哲學為基準而構成自己的歷史哲學理論，寫有許多歷史哲學著作。其歷史哲學的理論著作在系統闡述和論證方面包括《信仰與歷史》、《人的本性與命運》第二卷、《自我與歷史的戲劇》，在基本觀點的發揮方面包括《悲劇的彼岸》、《辨認時代的徵兆》，而在其理論的實際應用方面則包括《時代末的沉思》和《美國歷史的冷嘲》等。尼布爾非常敏感地認識到，人在歷史中的創造與失敗、光榮與悲哀，已給人帶來不盡的幻覺和迷濛；由於歷史乃人之命運與自由所共有的領域，因此稍有偏頗就會導致歷史悲觀論或歷史烏托邦的極端看法。在西方文明史上，他對下述三種具有典型意義且各不相同的歷史觀念進行了回顧探討。

1.古典的歷史循環論觀念:

　　這種歷史循環論觀念以古代希臘思想為基礎，是西方傳統哲學和科學的重要依據。它對歷史持否定態度，即以犬儒主義的自然模式來想像歷史，認為歷史世界與自然世界一樣如希臘人所言「太陽下面無新事」，都不過是一種永不停息的循環而已。其變

化和流動亦屬於一種低下的領域，人們可從理性出發對之進行探討，從而找到一種「歷史的邏輯」。這種觀念斷言歷史本身並不給人以任何有意義的希望，認為人只有從自然、歷史事件的循環中解脫出來，才有可能獲得自我的意義和完善；而那另一世界的、與歷史無關的精神形式則是以人之無時限、普遍性的神聖和理性因素為基礎。

尼布爾指出，這種循環論乃是一種視歷史為無意義的歷史觀，它把歷史當作並不外於自然的有限過程，是人的靈性所要徹底擺脫和超越的。歷史循環觀以人陷入自然之中為其「邪惡」的原因，認為人生的最後得救，就是從有限的世界中解脫出來；歷史本來毫無意義，它不過是一種受自然必然性所支配的秩序而已，其對人生的意義亦毫無影響；人最好是能够逃脫歷史，因為人類所努力的目標是一種超蹤時間之流的「永恆」，它以取消歷史來實現歷史。

尼布爾進而分析說，古典循環論的歷史觀尚無關於基督的指望，它對於人生的意義只是從自然或超自然的立場上來作出解釋，因而把關於歷史意義的超越性啟示看為既不可能也不必要。這種歷史觀絕對相信人類的自由和超越自我的能力是無限量的，人由此可超越歷史的混亂而達其純粹的永恆。於是，它把人的超越能力與人的有限性截然分開，認為人的得救在本質上就是超脫歷史之限。如此一來，人不必在歷史中實現自己，也不必追求歷史的意義。

究其根源，尼布爾認為這種古典歷史觀是來自兩種彼此矛盾的人生觀：

第一種是「限於自然的歷史觀」，「將歷史當作純粹的自然

❶」，從這種自然主義出發，人類的命運只是適應自然的體系，因而並無所謂歷史意義可言。尼布爾指責古典唯物主義中就包含著這種歷史觀，並說從德謨克利特到盧克萊修（Titus Lucretius Carus，約前 99-約前55）的思想，都是將歷史侷限於純自然之中，把歷史看作不過是自然界一連串無意義的事象重演而已。他從人的「死亡」意義及人對「死亡」的態度入手，具體剖析了上述哲學家對歷史和人生的理解，指出這種自然主義歷史觀之所以勸人不要怕死，其理由是：

(1)將歷史貶為自然的過程，認為人在歷史中無眞正可怕之事，因為實際上並無歷史，只有自然的延續和重演；

(2)否認在歷史之外有任何生命的眞實境界，卽使在那可能超歷史的階段中也如在歷史中一樣並無甚麼可怕的，因為人並不超過其現實生活，無需想到死以外的審判。尼布爾對之反駁道，人的怕死正是「因為人想到並慮到在死之彼岸的一種眞實境界❷」，它「是消極地表明人的靈性超越於自然」，證明自然並未完全囊括人的命運❸。

正如莎士比亞（W. Shakespeare, 1564-1616）戲劇人物哈姆萊特（Hamlet）在考慮死亡問題而獨自沉吟時所言：

> 生存還是毀滅，這是一個值得考慮的問題；默然忍受命運的暴虐的毒箭，或是挺身反抗人世的無涯的苦難，通過闘

---

❶ 尼布爾：《人的本性與命運》中譯本（謝秉德譯），香港，基督教輔僑出版社1959年，頁300。
❷ 同❶，頁301。
❸ 同上。

爭把它們掃清，這兩種行爲，哪一種更高貴？死了；睡著了；甚麼都完了；要是在這一種睡眠之中，我們心頭的創痛，以及其他無數血肉之軀所不能避免的打擊，都可以從此消失，那正是我們求之不得的結局。死了；睡著了；睡著了也許還會做夢；嗯，阻礙就在這兒：因爲當我們擺脫了這一具朽腐的皮囊以後，在那死的睡眠裏，究竟將要做些甚麼夢，那不能不使我們躊躇顧慮。人們甘心久困於患難之中，也就是爲了這個緣故；……誰願意負著這樣的重擔，在煩勞的生命的壓迫下呻吟流汗，倘不是因爲懼怕不可知的死後，懼怕那從來不曾有一個旅人回來過的神秘之國，是它迷惑了我們的意志，使我們寧願忍受目前的磨折，不敢向我們所不知道的痛苦飛去。❹

思索死之夢境和結局，旣表明人具有創造歷史的能力，也證明人的自由可以超越自然❺。尼布爾認爲，歷史事件的生長、存亡是客觀實在，但它們的變幻無窮並非由於自然循環的必然性，而是由於人的無能和失敗；另外，怕死的心情本身就證明歷史中的善惡之辨並不因義人和不義的人皆須進墳墓而取消，如果沒有超自然的永恆感，人也就完全不能有這種歷史感。他說自然主義歷史觀將歷史貶爲自然過程的一切勢力、徹底取消了人生的意義，因而是錯誤的。

　　第二種則是「爲永恆所吞滅的歷史觀，將歷史當作一種敗壞

❹　《莎士比亞全集》（九）中譯本（朱生豪譯），人民文學出版社1986年，北京，頁63。
❺　同❶，頁301。

了的永恆❻」。尼布爾說，這是一種唯理主義歷史觀，它從人的立場來看自然，覺得自然混亂無序，或最多也只是一種無意義的秩序，所以人必須靠理性或人心中高過理性的能力來逃避它。尼布爾指出，這種歷史觀的代表為古典唯心主義和神秘主義，它企圖逃避歷史的世界，「對歷史找不出任何意義來」，而且，「他們因為在每人的心中發現了理性的原則，所以他們不需要基督❼」。他說，柏拉圖和普羅提諾（Plotinos，約 204-約 270）的「心智觀念」都認為「歷史的世界乃是一個低級的或幻覺的世界，『看得見的世界乃是囚牢』❽」，這種觀念既不考慮世界本身、也不考慮現象世界中的理性原則，而只朝向一種「渾然一體」的「永恆」，這種「永恆」卻將一切個性吞滅，它「否定歷史而不完成歷史❾」。另外，尼布爾又認為東方的道教、佛教、印度教也是否認歷史意義的，它們與西方的主要差別，是從神秘主義而不是從理性方面去否認歷史意義。他說：

> 總之，古典唯心主義與神秘主義，懂得所謂靈性的超然自由；但它們不知道這自由和時間過程的有機關係，只知自然與時間過程是人所要從而解脫的，並且以這解脫為人生意義之實現。它們只是想要從歷史中得解脫，而不求人生在歷史中的實現。❿

---

❻ 同❶，頁300、303。
❼ 同❶，頁303。
❽ 同❶，頁304。
❾ 同❶，頁305。
❿ 同❶，頁304。

總結概括這兩種觀念，尼布爾指出，古代自然主義者以自然
爲神，認爲服從自然之神就須否認歷史中的一切恐懼、盼望、奢
求和邪惡；而古代理性主義者則以理性爲神，將歷史中的必然性
與偶然性視爲純粹的「機遇」或「機械的必然性」，並因歷史部
分地存在於自然之中而認爲它毫無意義。這兩種極端傾向都沒有
啓示生命在歷史中的意義是否必要或可能，因而也就無法正確揭
示人生的意義。它們不是將人生貶爲毫無意義的自然秩序，就是
以把人生轉爲「純粹理性」、「純粹永恆」來徹底擺脫其歷史與自
然存在。他認爲這種古典觀念明顯地把歷史中人的自然與精神之
獨特混合弄得模糊不清，使其對人不是過於樂觀就是過於悲觀，
因此不能眞正認識人類歷史。

2.近代的歷史發展論觀念:

尼布爾說，這種觀念認爲歷史本身具有意義，它的「近代教
條」就是那種普遍流行的歷史進步觀，卽把歷史發展視爲人類不
斷得到救贖的過程。

他認爲，從黑格爾的歷史辯證法到社會達爾文主義，所有這
些「進步」的觀念都反映了近代人的歷史樂觀主義，成爲近代人
的宗教。在他看來，這種源自文藝復興的近代信仰掩蓋了人生戲
劇中變幻無窮的自由與必然間的相互作用，因此不僅不能正確解
釋歷史的本質，反而導致了各種烏托邦幻想。「整個近代的烏托
邦思想早已蘊藏於文藝復興的精神中。近代人的信條中的最堅固
和最特色的『進步觀念』，乃是文藝復興所必然產生的歷史哲
學⓫。」尼布爾對於任何充滿烏托邦精神的歷史進步觀念都加以

⓫ 同❶，頁436。

否定，他指出這種歷史進步觀的弱點是：

> 未能認識歷史是充滿著無窮的「善」和「惡」的各種可能
> 的。它只相信人類知識之增加，理性之擴張，對自然界
> 之逐漸征服，和社會組織聯繫之拓展，這一切蘊藏於歷史
> 「進步」中的，都足以保證理性與秩序勢力能夠逐漸征服
> 混亂和邪惡。它不知道人類的每一種新才能，不但可成為
> 秩序的工具，也同時可作為混亂的工具；所以，歷史終於
> 是不能解決本身的問題的。⑫

他進而宣稱，早期意大利文藝復興、笛卡兒的理性主義、法國的
啟蒙運動、進步論的自由派思想，以及各種現代革新理論，都是
這一歷史進步觀的代表，都是「要求在歷史中完成人生⑬」。他
說，這些理論「總以自己的時代，或自己的文化，甚至自己的哲
學為真理，和生命與歷史的最後完成⑭」。因此，它們實乃極為
錯誤的進步觀念。在他看來，人企圖在人類歷史中解決自己的問
題，靠人的努力完成歷史的意義，這正是人的根本罪惡，同時也
是使人類世界混亂增多的原因。洞觀歷史發展的風雲變幻，其進
步或倒退乃非常複雜的社會現象。人類歷史的每一新階段都會產
生新的問題、出現新的反覆。

　　當近代的技術進步，促進了社會團結，並擴大人類友愛的

---

⑫　同❶，頁437。
⑬　同❶，頁445。
⑭　同❶，頁451。

領域，人類對於這種成就就自然感到興奮，而將另一方面
的問題完全忽略了。殊不知人類的技術進步固然足以產生
國際性的普世社會，但普世社會中若沒有妥善的政治機構
來團結人類生活，這同一的技術進步即將產生國際間的混
亂。無人能預見在普世社會未完成之前，人類或將被驅入
毀滅的深淵。⑮

近代技術文明正加強了一切文明文化以及國家與民族彼此
間的並存關係。可是各國各文化之更密切接觸竟促成了兩
次「世界大戰」的慘禍，竟未能增加各不同文化間彼此的
了解，這事實正叫我們知道不能以「普世文化」或「世界
政府」當作使整個歷史過程具有意義的自然歸宿。⑯

因此，人們迄今仍沉淪在這些歷史悲劇之中而不知如何自拔，近
代文明所帶來的夢想一個個破滅，愈益加深的失落和混亂使人已
走投無路。尼布爾還強調說，人類歷史中，「在每一個新階段中
我們面臨著新的危險，而新階段中的歷史成就也未曾將我們從歷
史中的一切矛盾與紊亂解脫出來⑰」。所以，「歷史並不是它自
己的救星⑱」。「沒有一個人生領域不需要『恩典』⑲」。

尼布爾從人之罪性的觀點出發，對人類歷史持一種否定的態

---

⑮ 同⑭，頁463。
⑯ 同⑭，頁587。
⑰ 同⑪，頁486。
⑱ 同⑭，頁486。
⑲ 同⑪，頁485。

度，反對那種自我稱義的歷史進步觀。他勸戒人們不要對現實存在中各種不同政治制度與社會組織所表現的自大和敗壞傾向抱有過份的樂觀，認爲歷史中並沒有純粹的道德規範，也毫無達到這種規範的指望。人一有歷史，即有自由，而一有了自由，即有罪的可能；凡希求在歷史中達到人的自我完善的思想，都被他視爲「夢想在歷史中能成就無限完全❷」的謬誤主張。而人生問題的錯誤，正是由於人妄想自行找尋一個完成自己命運的方法，好支配自己的結局。這種以人性的高傲妄想來規定其結論的企圖，這種歷史進步觀所體現的錯誤，已充分表明人在歷史中的「虛僞德性」，也正是人在犯驕傲之罪的表現。尼布爾還堅持人類歷史的邪惡是永無止境的，他說，在歷史中，「在每一新階段的美善中必有新邪惡與危機隨之而來❷」，「任何一個時代都認爲它所反對的邪惡就是最後的邪惡，這種錯誤一如它之認爲它所主張的善美就是最後的善美一樣❷」。「人妄想倚靠自己完成歷史的目的，不免使歷史有了悲慘的現象❷。」雖然人的本性決定它必然如此，卻仍是很不幸的。他把近代世界中的動亂和暴政看作「是一種成熟了的文明之腐敗，在這腐敗當中，一切專門的知識與技能所成就的都被用爲施行虐政的有效工具❷」。因此，他否認人類歷史上社會生產的發展和技術文明的提高能夠使人眞正進步和從其「原罪」中解救的任何可能性，而始終堅持「歷史不能解決人生的基本問題，只能將這些基本問題繼續不斷地在新階層上顯

---

❷ 同❶，頁375。
❷ 同❶，頁589。
❷ 同❶，頁590。
❷ 同❶，頁593。
❷ 同❶，頁590-591。

示出來。以爲人的問題可以藉逃避歷史，或由歷史本身的過程解決都是錯誤的❷」。

3.《聖經》——基督教的歷史觀念：

「《聖經》戲劇——歷史性的描寫會對人的崇高和悲慘給予一種比科學家和哲學家的一切智見都更爲眞實的看法。事實上，人類自我只有在一種戲劇——歷史性的環境裏才能被理解❷。」尼布爾認爲，古典和近代現代的歷史觀都看不到人類經驗的某些明顯事實，即「人雖然能靠科學技術征服自然，卻未能改變人與生俱來的心靈或智力，也改變不了人在歷史中旣是創造者又是受造之物的地位❷」。這樣，只有《聖經》——基督教的歷史觀才能對人在歷史上的那種創造與受造之模稜兩可性賦予意義，它以歷史事件的「戲劇性」來解釋歷史的特徵，又以歷史啟示的「象徵性」來揭示人生之謎，結果遠比古典歷史觀具有動感和活力、又避免了近代歷史觀的盲目樂觀，因而至今仍有著指導意義。

尼布爾說，這種具有基督指望的歷史觀認爲歷史是有意義的，但它絕不像近代歷史進步觀所認爲的那種人自身在歷史中的意義，而是上帝啟示人生、拯救罪惡世界的意義。人本身的歷史卻並無意義可言。他說：「基督的意義在乎他啟示了神的旨意，這旨意在歷史中統治歷史❷。」「凡指望基督的宗教，都是以歷

❷ 同❶，頁592。
❷ 參見 C.W. Kegley and R.W. Bretall (eds.): *Reinhold Niebuhr: His Religious, Social and Political Thought.* p. 11.
❷ R. Niebuhr: *The Self and the Dramas of History.* 中譯文見《當代美國資產階級哲學資料》第二集，商務1978年，頁210。
❷ 同❶，頁298。

史爲處在一個超乎歷史而片面被啓示著的一個旨意與權能的支配之下，　也認爲歷史是暗示著這意　旨和權能可以有　更清楚的啓示的❷。」在他看來，《聖經》——基督教的歷史觀並不以歷史中的混亂爲人類必須從中解脫的邪惡，而認爲這種「惡」的發生是因爲人類妄圖否認或逃避歷史中的變遷，要求一種人作爲受造物所不能達到的自由、　超越、　永恆和普遍性之地位所造成的。　因此，人生的基本問題體現在歷史上仍然是「罪」的問題，而不是「有限性」的問題。這種歷史觀還強調，無論人類的智慧和能力達到多高的程度，歷史也不能克服人的有限性而完全實現人生。所以，「歷史的最後完成必須包括上帝對人的那種謀使歷史達於最後高峯的錯誤行爲和企圖的毀滅❸」。

　　根據上述分析，尼布爾強調只有基督教的歷史觀才是唯一正確的觀念，它給人以回顧與展望歷史的洞見，使人能身處歷史之中卻不被歷史所囿。尼布爾自己的歷史哲學體系也正是以這一基督教信仰的歷史觀爲基礎的。他說：

　　　　若不依賴基督已被啓示了的這種信仰，則不能從有無基督
　　　　的指望上來解釋世上的各種文化；……若不直接或間接包
　　　　含那認爲已經得著了所指望的目的之信仰，人生與歷史
　　　　的意義卽無從解釋。……對歷史若沒有特殊的假定，卽不
　　　　能解釋歷史。❸

---

❷　同❶，頁299。

❸　同❶，頁298。

❸　同❶，頁299。

他甚至宣稱其《人的本性與命運》一書中所有的解釋，就是根據基督教信仰的假設而加以闡述的。「我們的解釋，正如一切的解答，都不免採取一種信仰立場㉜。」

二、歷史意義的尋覓

人存在於歷史之中，但絕非被動、消極地存在，而有著改造歷史、超越歷史的能力。這種人與歷史的關聯和人對歷史的超越一方面表現在人類命運與歷史發展錯綜複雜地交織在一起，另一方面則在於人對其歷史有限性的認識和感愴，及其倚靠某種內在能力來超越時限的企圖和嘗試。人與萬物同處自然和歷史之中，但人憑其獨有的自由之靈而清楚認識到自己的時空存在，「人對此無常的人生，或懷感傷，或故抱矜持而泰然處之，這事實正表現人與禽獸所處的地位不同㉝」。

對於人之歷史存在的認識及其歷史意義的尋覓，在尼布爾看來包括人在歷史中表現的自由和上帝在歷史中彰顯的救恩這兩個方面。就人而言：

> 人之能超越自然變遷，使人有創造歷史的能力。人類歷史雖植根於自然的過程中，然而它是超乎自然因果律的決定結局，而不限於自然世界的遷流變異。它是一種自然必然性與人類靈性自由的綜合。人所具有的超越自然變遷的自由，使他在意識中能夠把握時限，藉以認識歷史，也能將

㉜ 同❶，頁299。
㉝ 同❶，頁295。

自然中的因果連續事象，重新安排，改造歷史。㉞

從上帝的啟示來看，其在歷史中賜予人的救恩則諭示著眞正的完
善或完成並不在歷史之內， 而是超乎歷史之上。 這一啟示通過
基督教末世論的象徵表述而展現了歷史本質所在和歷史過程之歸
宿。基督的救贖一方面與歷史緊密相聯，並藉著歷史得以體現，
但另一方面卻具有超越歷史、揭示歷史之底蘊的非凡特性。它賦
予歷史以深遠的意義、指明歷史發展的終極目標，而自身並非某
一歷史的尋常事件或具體時刻。但它以歷史啟示之形式本身就已
使歷史充滿了意義和希望，並由此使上帝與人之歷史的內在關聯
得以昭示。尼布爾指出：

> 那在個人經驗與整個世界的性質中所啟示的對這位超越的
> 上帝的信仰，乃是《聖經》的歷史性的啟示之基礎；……
> 歷史性的啟示不只是指人追求上帝的歷史，或是人逐漸更
> 清楚地說明上帝位格的記錄，……所謂歷史性的啟示乃是
> 指那些在歷史中能爲信心所辨識的上帝親自啟示的事件。
> 人所看到的乃是上帝的作爲，這些作爲足以說明人在他的
> 內心和道德生活中是面對著上帝的。㉟

因此，人不能靠著自己內在的力量及其歷史的進程而在歷史中完
成歷史，達到其人格的完美和道德的完善，臻其理想中的終極境
界。與此同時，人又必須把上帝超歷史、超現實的終極意義與現

㉞ 同❶，頁295。
㉟ 同❶，頁135。

實存在中的人及其歷史相關聯，從而使人能在上帝恩典的惠顧下以其歷史中的行動來改善自我和歷史，身在歷史之中卻能靠靈性自由來超越歷史。

1. 對歷史過程的認識：

尼布爾否認歷史本身具有辯證發展的過程，而把歷史視爲「基督第一次與第二次來臨之間的階段❸」。他說：「《新約》中一連串的基督『再來』之說，乃是了解《新約》思想和解釋基督教的歷史觀點所不可少的❸。」基督的「降臨」和「復臨」之間已彰顯出人類生存的一切意義，因爲在基督第一次降世之後，歷史就部分地認識並顯示了自己應有的眞實意義，儘管它實際上仍不斷地與其眞意義相違背。而基督「再來」之說則進而表明「人生的每一時刻，不只爲要成全生命，也爲要促成死亡的解體。死的威脅要使人生變爲沒有意義的，除非人能『因指望而得救』，並如此了解人生❸」。所以說，若能按照基督的寓意去了解人生和歷史的意義，那麼人之陷於歷史之中或超乎歷史之上都不會廢除其眞實意義，卽使人看見眼前的混亂和悟出將來的危險，也不致灰心喪志。這種啓示使人持有一個穩定的觀點，能以超越時空的眼光「認識一切暫時的安全必都爲歷史中的時運興廢，和死亡的必然臨到所毀滅❸」。

由此可見，「『上帝的國已降臨』和『卽將降臨』之兩方面

---

❸ 同❶，頁340。
❸ 同❶，頁338。
❸ 同❶，頁341。
❸ 同上。

的涵義，乃是說明歷史爲一介乎兩端之間的時程❹」。尼布爾因而把歷史作爲人歸依上帝、達到彼岸世界的一種「過渡」，並宣稱一切歷史「都是恩典意義的啟示及其完成之間的一個階段。這一個中間階段旣具有敗壞作用，同時對人生意義也有片面的實現❹」。歷史的永遠特徵就是其內在矛盾的連續不斷和善與惡的詭謬共存，因此，上帝的純愛在歷史中仍當繼續爲基督受難之愛而不是得勝之愛。「這個區別乃是一切深刻的基督教信仰所用以解釋歷史的基本原則❹。」不過，上帝的恩典卻使歷史上各種成就中的罪染「並不足以毀壞這些成就的可能，也不足以解除人在歷史中實現眞理與善的責任。人在歷史的完成尚未達於聖潔的時候若能不爲之要求聖潔，則實際上必更能使之聖潔而免於罪染❹」。

　　就歷史本身而論，人的歷史充滿罪惡。尼布爾承認這個世界由於人的罪惡之性都是邪惡的，到處都是傾軋、暴行和戰爭。他說：「社會是永遠處在一種戰爭狀態裏面❹。」「任何人類社會都不過是介於兩次利益衝突之間的暫時休戰❹。」存在的世界「始終是對立鬥爭之間的某種停戰❹」。因此，戰爭和毀滅是世界的罪惡所注定的，它乃人世歷史的特色。歷史中的善並不能夠戰勝惡，卽令基督「那代人受罪的愛在歷史中仍然是失敗而悲慘

---

❹ 同❶，頁338。
❹ 同❶，頁498。
❹ 同❶，頁339。
❹ 同❶，頁498。
❹ R. Niebuhr: *Moral Man and Immoral Society.* New York: Charles Scribner's Sons, 1960, p. 19.
❹ 同❷，頁199、210。
❹ R. Niebuhr: *Discerning the Signs of the Times.* New York: Charles Scribner's Sons, 1946, p. 187.

的❹」。

　　旣然永恆上帝與世俗歷史如此涇渭分明，那麼，「歷史的長
期發展並不比短期歷史更具有拯救性❹」。尼布爾強調歷史是與
上帝對比的一個整體過程，不應分開來看，而歷史本身在實質上
也無不同的發展階段。歷史可能性同社會複雜性與日俱增，歷史
的悲劇就在於人在歷史中任何新的可能都會帶來新的責任和新的
危險，從而就如同身處兩輛並駕齊驅的飛車之中那樣看不到各自
的發展和進程，而只見彼此所保持的靜止和平衡。況且，這種歷
史發展或進程本身並不能絲毫改變它與永恆的本質不同和無限差
別，正如德國近代史學家朗克 (L. von Ranke, 1795-1886) 所
言，「歷史與時間的每一刹那，對永恆都有著同等的距離❹」。
根據這種理解，尼布爾堅持從屬於上帝的那種「最後的判斷」來
了解歷史的整體性。

2.歷史的迷惘與啓迪:

　　尼布爾認爲其歷史哲學的獨到之處，就在於堅持歷史過程本
身並不會解開歷史之謎。歷史中並無某種內在規律來對其發展變
遷加以統攝調度；歷史的發展與自然生長不同，它基本上是由於
人控制自然的能力不斷增長，「而不是由於『物競天擇、適者生
存』的規律發揮作用，也不是由於黑格爾所說的那種晦澀的歷史
辯證法在起作用❺」。人們不可能從人類行爲的各種複雜曖昧的

❹ 同❶，頁336。
❹ 同❶，頁486。
❹ 同❶，頁578。
❺ 同❷，頁210。

動機和人類發展五光十色的戲劇性模式中進行理性概括、歸納出內在規律。他說：

> 在人類事件和歷史的世界裏，各種事件在一種多樣化的因果體系中相互有關；另外，人類的動機作爲原因之一也不斷進入這種因果鏈條。無論人與自然必然性的表面關係怎樣，他都有著自由，使其行動難以預測。因此，在歷史廣大而變幻不定的場面和在人與國家戲劇性的遭遇中，不可能發現任何遵循「一種必然方式」的東西。(51)

> 歷史的因果聯繫無限複雜，歷史戲劇的各個場面層疊在一起，造成眩目的混亂，所以任何科學家、哲學家要用自然或本體的必然性去概括歷史中五花八門、千差萬別的無數主題是不可能的。

「歷史不像任何自然科學那樣可以預測」，他斷言人們所作的歷史概括「是一種冒險的思辨」，並說預測未來也是一種冒險行爲(52)。依他所見，人們從歷史之中來解釋歷史，難免陷入種種迷惘和困境，在歷史的誤區中瞎撞亂闖、摸不到出路。其實，自我既依賴於社會，又可超越社會，由此引起的個人與社會的衝突和矛盾便形成了世界前進的動力，這種歷史發展本身帶有很大的盲目性和偶然性，人的各種因素都可能發生影響和起到作用。所以說社會歷史領域內的一切都是個別的、不重複的，並不存在任何

---

(51) 同㉖，頁14。
(52) 同㉗，頁204。

規律性，甚至「歷史規律」這一概念本身就是用語的矛盾和內涵的對立。爲此，他指責啓蒙運動以來的自然法觀念已把歷史發展與自然規律相「混淆」，說「這些觀念不考慮到人類存在的歷史特徵❸」，從而形成一種人類無所作爲的定命論。而與此相對應的，則是那種企圖運用理性和科學來把握歷史的努力又走向了唯意志論的極端。這樣，尼布爾所得出的結論是：歷史進程本身沒有任何規律性可言，它不過是人們進行自由創造和各種盲目勢力互相衝突的結果；因此，人們不可能靠其理性推斷和科學觀察來了解歷史的眞正本質。

歷史進程規律的缺乏直接造成了歷史本身意義的失落。而探究歷史的「終極問題本身是對人的自義的一種打擊❹」，正是人的一切驕傲與僭妄、正是人要掩飾自己的有限與偏私，才使歷史陷入邪惡與罪孽之中。所以，「一切世人和每一歷史階段，都是驕傲而違背神的永恆旨意的❺」；正因爲人妄想完成他所不能完成的歷史意義，才使人類深陷於淒慘的罪惡中不能自拔。針對近代資本主義社會從鼎盛時期走向衰落的歷史過程，尼布爾曾無限傷感地說：「近代歷史的途徑，特別是近兩百年的歷史，也證明著過去以爲歷史的發展是進步的那句話乃是假的❻。」從歷史的範疇來判斷，「發展」與「進步」是純然兩碼事，二者有時相同，有時卻相詆。人在歷史中的困境和沒有歸宿，使人對其命運的反思不斷深化，並靠其靈性而悟到一種超越歷史與自我的啓

❸ 同❷，頁435。
❹ 同❶，頁319。
❺ 同❶，頁328。
❻ 同❶，頁486。

迪。當然，只有上帝的慈悲才能向人啟示這一身於歷史卻超乎歷史的道理，只有上帝的拯救才能使人眞正脫離世上的罪惡。人必須接受上帝恩典之光，靠著信仰來把握歷史的本質，認清歷史的意義。

3.歷史與信仰:

歷史的統一性在於信仰。尼布爾強調，只有信仰上帝是歷史的主宰，才能達到歷史的眞正統一。他說:

> 《聖經》信仰要求表現信仰的行動，因爲要靠信仰躍過把人與上帝隔絕的深淵，也因爲《聖經》信仰敢賦予神聖的東西以具體的意義，這個意義使歷史中局部的、破碎的意義得到肯定。[57]

這種信仰使人認識到，上帝並不是在歷史上反對自然界和人類社會的某種第三位的力量，而是人們在每一歷史形勢下能够遇到、在每一偶然事件上都表現出對之服從或違抗的主，是整個歷史過程的最高控制者。雖然歷史中充滿罪惡，它不可能有自我救贖作用，不會爲其過程自身的基督，雖然人在歷史中也不可能做歷史命運的主人、成爲自己的基督。但人只有在歷史的特定時刻以超越它的方式採取行動，才能在歷史中揭示歷史的意義，因爲「歷史模式是自由與必然的某種混合物[58]」。他指出，古典哲學否認

---

[57] 同[27]，頁228。
[58] 同[27]，頁204。

世間事物的一切意義，企圖徹底逃往永恆，而現代哲學卻期望在歷史中總的完成，二者都不能達到歷史的統一性。

歷史本身並沒有絕對眞理的標準， 只有在基督教信仰中，「斷言基督的生、死和復活代表一個歷史事件，在這一事件中並且通過它，對整個歷史意義的揭示就發生了㊾」。通過上帝的恩典，人們就能理解基督啟示事件的意義，從而獲得歷史的統一。尼布爾強調，上帝的意志在人類一切事物中都不可避免，甚至世人對於上帝意志的反對，也是上帝使其目的能够達到而採取的手段之一。儘管上帝對人世的審判只有在歷史的彼岸才能被完全揭示，但人們不能靠來世的歷史觀來讓自己逃避歷史的責任；在歷史範圍內，這種審判也體現出一些眞正的涵義，因爲「上帝是內蘊於歷史之中，親自照顧歷史的，並非本身不動的推動者，居於永恆之中，與歷史不發生關係㊿」。

屬靈的基督徒乃「存在於這個世界，但不屬於這個世界」，所以能領悟上帝在利用歷史的變遷和災難來行使其主人權力。在這種意義上，人間的變化和不幸因而又並不純粹是人的盲目性或偶然性的結果，它有著神意的參與和提醒。人若在歷史中失敗，也至少可從基督教信仰的立場上去了解這個失敗，從而能在失敗中達到一個超越失敗的觀點，在悲劇中看到悲劇的意義。這樣，歷史的變化和人世的動亂正揭示著上帝對人的審判和啟迪。

所以，信徒知道自己的眞正公民權是在天國，它的實現只有在歷史終結時才有可能。但同時他們也應該看到，這種信仰「旣

㊾ R. Niebuhr: *Faith and History*, New York: Charles Scribner's Sons, 1949, p. 26.
㊿ 同❶，頁337。

成全了又糾正了歷史中的各種意義、各種價值與忠誠❻」，認識到忍受折磨，並積極在世上遵循上帝的意志，這是他們在歷史中的命運。只要堅信上帝已採取歷史行動來克服人神之間的不和，以信仰和悔悟的心情來看待歷史中的興衰變遷，人就能在歷史有限與無限、目前與終極、束縛與超越的矛盾中達到真正的統一。另外，尼布爾還從務實的角度指明，在歷史的混亂動盪中，上帝所採取的歷史行動也隱約可辨；例如戰爭對西方的毀壞，說明上帝對人類僭越行為的懲罰，而美國的迅速發展及戰後西方經濟的恢復，則體現了上帝在冥冥之中的一種安排。善得以戰勝惡、正義能夠壓倒不義，已經喻示了上帝的秩序和親在。

具體而言，人們欲從基督教信仰的觀點來了解歷史意義，就必須考慮到如下三個方面：一是應從各種文化的興衰而看到歷史的片面實現與完成，二是應從個人的生命而看到歷史的啟迪，三是應從歷史過程的整體性而看到歷史所達到的統一。尼布爾在此還提醒人們，必須以超越歷史之態來審視前兩個方面，而以立於歷史終局之立場來探究後一個方面❻。

從歷代各國文化的興衰來看，它們表明了人之歷史的繁複性和多元性。對此，施本格勒和湯因比（A. J. Toynbee, 1889-1975）的論述已引起了人們廣泛的興趣和關注。施本格勒把天然過程視為了解文化興衰的唯一線索，認為歷史中只有繁複紛呈而無一貫原則，文化的命運就像受自然規律支配那樣經歷類似春、夏、秋、冬之季節變遷；因此，歷史的有機性取決於自然的有機

❻ 同❼，頁228。
❻ 同❶，頁578。

性，而歷史的自由也是從自然必然性中產生。湯因比則強調文化的敗落不是因其自然衰老，而是源自主觀錯誤，它只要不斷適應新的歷史情勢，用新生命新精神來充實加強，也可以不犯嚴重錯誤，避免滅亡之災。所謂歷史中的錯誤即人類的各種罪惡，尼布爾指出，它們不外乎「情慾之罪與驕傲之罪」這兩大範疇，「人在情慾之罪中把歷史的自由推翻了，使人重返於自然的放蕩中，人在驕傲之罪中則過於擡高他的自由地位[63]」。人妄想倚靠自己去完成歷史的目的，使其自由與歷史條件徹底分開，結果適得其反，導致了人在歷史中的淪落和死亡。然而，尼布爾認為沒有必要對文化的命運過於悲觀，文化就如一個硬幣的兩面，其覆亡固然是歷史中罪性的證據，但其存在也是歷史中創造作為的證據，「歷史生機的種種繁複樣式，人類潛力的種種豐富發揮，以及文化形態與社會體制之無限表現，都證明神的造化安排[64]」。而且，人在歷史中悔過與遷善的機會也是很多的。人屢教不改、錯誤不斷而歸於滅亡，這乃表明神的公義得以伸張。因此，無論是從文化興盛還是衰亡時期來看歷史，都不過是管中窺豹、以點代面、以局部作為整體，自然找不到歷史的真實意義。這裏不靠世俗之見而需信仰的把握，「文化興衰所有的意義，必須依靠信心了解；因為我們必須從超歷史的永恆觀點去看歷史，而除依靠信心外，這種永恆的觀點原是人所沒有的[65]」。歷史意義之所在，就因為其顯示出永恆的原則，從文化的興衰中體現上帝的拯救與懲罰。

---

[63] 同❶，頁580-581。
[64] 同❶，頁581。
[65] 同❶，頁582。

　　從個人與歷史的關係來看，它揭示了人之存在的雙重性。人
在橫向上與其社會團體發生關係，而在縱向上則與其歷史延續發
生關聯。人的創造作爲與其社會相關，一方面，人努力促成其團
體的建立、綿延和完成，希望能以社會生命的強大和永生來彌補
其個人生命的微渺和短暫；但另一方面，人的靈性自由又超乎其
對團體的忠心之上，使其看到團體的侷限和弊病，因爲社會較個
人更受自然與時限的牽制，它雖實現個人生命同時卻也挫敗個人
生命，「社會的集體自私違反了個人的良心；社會制度的不公義
又否定了個人的正義理想； 社會所成就的友愛， 都受血緣關係
及地理區域的限制⑥」。人陷於其與社會團體的這種雙重關係之
中，自然會深深困惱，找不到人生的意義。同樣，人的創造作爲與
其歷史發展相關，一方面，人位於歷史過程之流動中，能夠總結
過去、創造未來，吸取前輩的經驗和教訓，促成歷史的進步和完
善，並藉其對後代的期望而使自我生命的意義得以繼續和擴展；
但另一方面，人卻深知自我不能在歷史過程中眞正得到那「適當
的判斷和充分的完成」，人在其命運發展的十字路口往往會當局
者迷、不知所措，因此同樣達不到「神聖和聖潔」，不配作爲前
人的最後裁判或拯救者。人的靈性使其對自己生死過程中的片段
實現不能感到滿意，他必會追求其人生意義的更完全成就，但這
一追求也只能從超歷史的永恆觀點上才有成功之望。

　　從歷史過程的整體性來看，則可辨認和領略那些能使歷史首
尾相通、有機聯繫的協調原則和統一關係。當然，這種把握必須
藉助於洞觀歷史之終極意義的信仰審視才能進行。歷史的統一性

---

⑥ 同❶，頁584。

就在於人間的道德秩序可在歷史中喪失了又再現，其社會準繩亦可在多種文化中得以實現和貫通。這種統一性在縱的方面表現爲文化繼承關係之時間上的一貫相承，在橫的方面則表現爲各種文化連接關係之空間上的一體相通。相對而言，「文化相承的一貫性較之文化相通的一體性明顯些[67]」。但同時並存的各種文化亦有其互相依賴、相輔相成的內在關聯。從文化的繼承性上觀察，新的文化在原有舊文化的廢墟上建立起來時，其品質特性往往決定於它如何應用舊文化的基礎，怎樣吸收舊文化的合理因素以適應其新生活。從文化的橫向聯繫上探究，則不難看出文化在歷史中一貫相承的積累效果正日益增強其一體相通的功效，因爲「歷史總是朝向著更加宏大包容的目的，更加複雜的人事關係，以及技術上的進步和知識上的累積前進的[68]」。尤其是「近代技術文明正加強了一切文明文化以及國家與民族彼此間的並存關係[69]」。這種一體相通的結果是使世界日漸變「小」，今日生活在這個小小的「地球村」裏的人們必須致力於改良國際的政治機構及氣候，以使這種相互依賴、共同存在的密切關係得以相安相容，此乃人類繼續生存的希望所在。然而，基督教信仰的犀利目光已敏銳地看出，歷史的發展並不必然由亂而趨於治，人所建立的世界秩序愈複雜，其潛藏的混亂就愈嚴重。成熟的人類文化和統一的世界政府並不給人帶來自然的安全感，其可能出現的邪惡與危機會達到前所未有的瘋狂程度。尼布爾對此加以總結說：

---

[67] 同[1]，頁587。
[68] 同[1]，頁588。
[69] 同[1]，頁587。

一切歷史的事實都證實了《新約》末世論中有關人類命運
的解釋。然而古今的許多歷史哲學，都企圖蒙蔽《聖經》
中末世論所闡明的雙重觀點的某一方面。古昔的歷史哲學
若不是完全否認歷史的意義，便是只就歷史的循環現象以
窺視它的有限意義。近代的各種哲學著重於歷史的統一性
和它的累積效果，然而忽略並否認它在累積效果中的危機
和邪惡，這樣它們才能把歷史本身當作拯救的神明。❼⓿

　　根據悟透歷史終極意義的信仰觀點，尼布爾指出，只能從
上帝那兒尋找歷史的歸宿和完成，因爲基督教的末世論已清楚表
明，歷史的終極超越那只有短暫性或轉瞬卽逝的歷史過程，歷史
本身不可能靠其循序漸進來終臻佳境，而有待於上帝對歷史的最
終成全。所以,「只有靠那能概括歷史的矛盾，以它爲表明神的那
超乎人的理解的智慧之信心，才能使歷史有意義❼❶」，而這「靠
人類的能力根本無法解決，只有上帝才能解決這一問題❼❷」。在
分析研究古今各種歷史哲學觀念之後，尼布爾再次提醒那因看穿
歷史興衰變遷而悲觀失望的世人，「基督教拯救的道理和其對神
的憐憫與神的忿怒所具有的奧妙眞理，正是解釋歷史意義的最後
一把鑰匙❼❸」。

---

❼⓿ 同❶，頁591。
❼❶ 同❶，頁280。
❼❷ R. Niebuhr: *The Nature and Destiny of Man*, Vol. II, p. 295.
❼❸ 同❶，頁491。

三、自我與歷史的戲劇

　　憑靠信仰上帝的啟示，有限之人則能够辨認出歷史的意義。
尼布爾強調， 這一意義不能被理性所辨認， 而只能爲信仰所理
解。他說：

> 各種公開形式的宗教都是由於自我感到，……在自我與世
> 界之中， 隱藏有一種奧秘， 從而作出的反應。 人們認識
> 到， 那終極的、神聖的奧秘是理解自我所具超越一切的自
> 由的鑰匙， 由此才能確保人生的意義。❼❹

在人生和歷史中，這種超越人的理性之上的奧秘和意義易爲人察
覺，如在哲學因果鏈條最初的原因之上，就有一種創造的奧秘，
而在任何理性體系中都有一種神秘的陪音。這靠哲學難以解說，
因此只能求助於宗教的信仰。從信仰的神秘感出發，人們會逐漸
認識到歷史的意義，看到人類歷史無論取得多大成就，都永遠與
上帝矛盾，於是感到歷史新開端的可能，僅在悔罪般地承認這一
矛盾的基礎上。

　　據此觀之， 信者的歷史就是自我在其有限生涯中尋找終極的
意義、尋求與上帝的對話，以能投身於普遍的神聖意識之中。這
樣，它既能表示對人自身罪惡的決裂，又能表明對那種顯現歷史
「彼岸」性意義的成全，從而體現出歷史的理想化和新的創造。

1.歷史的戲劇性：

---

　　❼❹ 同❷❼，頁219。

　　尼布爾認爲，對歷史的探究已超出了自然科學和理性哲學的能力範圍。歷史現象之撲朔迷離，就在於它有著極其錯綜複雜的因果關係，每一個事件都會牽涉諸多因素、諸多方面，因而讓人莫衷一是，不可能精確找出其「眞實」原因，甚至無法確切估計其主要原因。由此可見，歷史模式並不像任何自然科學之範疇那樣可以簡單歸納或主觀預測，因爲「自我所擁有的完全自由及隨之而來的戲劇性的歷史現實顯然使任何想了解並掌握歷史的科學努力都極爲困難㊅」。所以，歷史現象的這種特徵只能以歷史事件的「戲劇性」來加以恰當的表述。

　　歷史的戲劇性就表現在其變幻無窮的主題層疊在歷史循環圈之上，一個個突發事件捲起巨瀾，一個個意外變故令人驚詫，整個歷史舞臺上總是高潮迭起、情勢頻轉，讓人目不暇給、懸念不斷，卻對其緣由歸趣一無所知，困惑不解。歷史中這種無窮無盡的戲劇性突變已不能用「經驗主義」或「歷史辯證法」來把握，也早已超出所謂「悲劇」或「喜劇」的藝術界說。此外，歷史的戲劇性還表現在世人不是超出歷史之外的旁觀者，而都是參與歷史各種悲、喜劇的演員，扮演著各自不同的角色，並且身不由己、毫無選擇的餘地。這樣，捲入歷史戲劇之中漂泊無定、盲目表演的世人總有一種飄忽感、茫然感和不安全感。若要擺脫這種處境，找到眞正的出路，不能靠摸索歷史的規律，爭取歷史的自救，而只有在歷史的戲劇之中靠禱思和體悟來與基督相遇相通，從而在永恆上帝那裏覓得其存在的根基、歷史的歸宿，找到其生命之錨和眞正安全的港灣。

㊅　同㉗，頁207。

鑒於歷史的戲劇性，上帝啟示的內容和意義總是以「象徵」或「神話」的形式來表達。人之歷史存在的有限性決定了人不可能在歷史中精確領悟和把握永恒上帝的終極眞理，其眞、善、美在這種戲劇性氛圍中也相應地以「象徵」和「神話」來體現，但人正是通過這種在歷史中被視爲「似是而非」的神秘觀念而眞正認識那超越歷史之「似非而是」的神聖眞理。啟示的象徵性和神話感已蘊涵著上帝與世人、永恆與歷史之間那不可言傳、只可意會的奧妙關係，它表明「暫存與永恆之間具有一種辯證關係。永恆能在暫存之中顯現和表露，而其意義並不因此枯竭消失。上帝不是各種有限因素或關係的總和，而是萬事萬物的根基所在，一切都只是其意志的產物⑯」。

2.自我與上帝的對話:

歷史戲劇的眞正意義乃在於它展示了自我與上帝的對話。尼布爾繼承現代猶太教思想家馬丁·布伯 (M. Buber, 1878-1965) 的理論，認爲人的獨特性就在於人的「對話生活」。他說：「根據《聖經》的觀點，自我是這樣一個造物，他處於與自己、與鄰人和與上帝的不斷對話之中⑰。」

首先，自我處於內在的對話之中。人不斷與自己交談，對自身既加以榮耀又給與憐憫，既進行譴責又賜予原諒，既無情詛咒又堅決捍衛。尼布爾把處於這種內在對話生活的自我視爲一個橢

⑯ R. Niebuhr: *Beyond Tragedy.* New York: Scribner's Sons, 1937, p. 4.
⑰ R. Niebuhr: *The Self and the Dramas of History.* New York: Charles Scribner's Sons, 1955, p. 4.

圓體，說：「在這種內在對話中並無兩個性質截然不同的自我，而僅僅是同一自我的兩個焦點❼。」他認為，這種對話是指自我的意志與良心、精神或靈魂與肉體的關係，而在其對話溝通、統一共存中就已閃現出了自我超越的微光。

其次，自我處於與鄰人的對話之中。對歷史意義的了解，有時恰巧就發生在人與人之間的關係之中。人在歷史中不是獨立的存在，而是羣體的存在、社會的存在，因此自然會出現彼此之間的對話和交流。尼布爾認為，這種對話及其結局比較複雜或多樣，但顯而易見，自我若不通過這類對話接觸而與鄰人相聯繫，就不能真正達到自我完成；鄰人在此既可被自我所利用，同樣也能對自我加以限制。此外，人在社會之中所有這些對話的模式都容易受到其歷史因素的影響和決定。

最後，自我處於與上帝的對話之中。這種對話最為重要，它揭示出自我在尋求終極意義。尼布爾歸納總結了人為要深入到終極奧秘之中而採取的如下三種形式：第一種可被描述為那種想「把握自我之終極意義」的拜偶像的企圖，即各種形式的公開宗教；他認為以集體方式出現的原始宗教和以個人方式出現的現代存在主義之浪漫思想，古代的各種多神教，如埃及、巴比倫和羅馬的國教，以及當代「宗教般」的民族主義、國家主義和政治理想等都是這種企圖；但其努力與其目標背道而馳，因為：

　　它表明在人心中有一種永恆的慾望，要把有限的自我從屬
　　於某個比自我更偉大的東西，這個東西還要能使個人在其

❼ 同❼，頁6。

中體現其有限價值。這種拜偶像的宗教無疑是有毒的，它
誇大了歷史中互相競爭的偶然性力量的作用，使羣體的各
種關係複雜化；不僅如此，個人無條件順從集體的自我，
就使他喪失了自由。集體的自我雖比個人顯得壯觀而且持
久，卻更為依賴自然世界的必然性，更難以超越自身，因
此離意義的終極源泉也更遠。自我對它的崇拜只是降低了
自己的地位。⑦

　　第二種為神秘主義的對話，即「阿・赫胥黎所說的：『永遠
的哲學』⑧」。這種表現與偶像崇拜恰恰相反，「它力求超越一
切有限的價值及意義體系，包括自我的特殊存在，去達到一種普
遍性及『無條件的』實體⑧」。而且，它以為自我只要充分發揮
其自由與自我意識，就能找到自我奧秘與世界奧秘之相似性，並
以二者的聯繫來把握其普遍性。這種「永遠的哲學」涵蓋極廣。

　　　不僅包括西方世界中源自普羅提諾思想的各種體系，並且
　　　包括了各種東方的宗教。它在印度的婆羅門教、伊斯蘭教
　　　的蘇菲派、中國的道教，尤其典型的是佛教之中都表現出
　　　來。在這些表現之中，為探求那混沌一體的存在，發展到
　　　認為某種存在的模式是生存的目標，人們甚至無法斷定它
　　　是「色」（完滿的存在）或是「空」。它顯然是超脫一切
　　　關係與意義的存在。⑧

---

⑦　同㉗，頁220。
⑧　同㉗，頁220。
⑧　同㉗，頁220。
⑧　同㉗，頁221。

　　第三種便是「猶太教和基督教這兩個源自《聖經》的信仰」
中所體現的對話。「它們把自我向終極探索以體現自我意識的這
種經驗解釋爲與上帝的對話㊵。」在這種對話中，上帝被看作是
人格神，自我因其罪而被擁有判決和救贖權力的上帝之愛定罪，
「這不是由於自我的侷限性，而是由於人的自以爲是，或稱作
『罪』；由於有侷限性的人卻要狂妄自大，也由於人的有限的德性
與智慧㊶」。尼布爾於此深入發揮了克爾愷郭爾關於「在上帝面
前，世人都一無是處」的思想，認爲人與上帝相遇的觀念使基督
教信仰既充分肯定了自我在歷史中的生命，又對自我的任何成就
加以相對的估量，使人認清其歷史成就的侷限性。他還強調，通
過這種對話，自我認識到他尋求從自我的立場出發來完成自我的
企圖既是偶像崇拜，也是自我的失敗。所以，自我只有以上帝爲
中心時才能找到自身的完善；但這並非自我有意識的目的，而僅
僅是上帝的榮耀和恩典。他認爲，在人與上帝的對話中，上帝深
邃的愛就表現爲：「只要自我不從它自身的立場去體現人生，上
帝便給人無窮的可能去發揮自己的潛在能力㊷。」對於基督徒來
說，與上帝的對話或相遇，在耶穌基督的啟示中找到了標準和形
式，從而使他們認識到眞正自我的意義和本質。「基督的死與復
活，爲人在歷史中活動的可能性打開了大門。它成爲一個規範，
使人得以在全部人生中實現自我。」因此，「基督一生的戲劇便
是上帝的最後啟示㊸」。

㊵ 同㉗，頁221。
㊶ 同㉗，頁221。
㊷ 同㉗，頁222。
㊸ 同㉗，頁222。

　　總之，　尼布爾把自我的對話生活作爲了解歷史中自我「本性」的線索，而自我對話的終極尺度則是與上帝的對話，它正是自我找到終極意義的關鍵。

　　　　自我是在悔罪、信仰和義務感中與上帝聯繫。……自我始
　　　　終是這樣一個受造物，它意識到自己的有限性，同樣也意
　　　　識到自己不承認這種有限性的主張。而就它開始意識到自
　　　　己這種主張而言，它也能夠悔悟並開始一種新生活。簡言
　　　　之，與上帝的相遇是一種戲劇性的相遇。❽⓻

在這種相遇及對話中，人生歷史的戲劇也就獲得了意義。

❽⓻　同⓻⓻，頁84。

第五章　政治哲學

一、上帝之愛與政治倫理

尼布爾的政治哲學乃是基於其對人之本性及其歷史意義的深刻分析，主要表現爲一種現實主義、實用主義的社會倫理觀或政治倫理觀。他在這種倫理觀上倡導上帝之愛，宣稱基督完善的愛是倫理的標準，基督在十字架上的壯舉不僅顯現了上帝的智慧，也揭示了人類生活的眞正準則和法規。基督體現了一種完美圓滿的、不謀私利的、毫無個人動機的，以及對一切鄰人的愛。這是一種徹底自我犧牲的愛，是純潔神聖的愛，只有這種愛才是一切道德生活的頂峯。

然而，這種至高之愛在他看來恰似一種「不可能的可能性❶」。新教著名哲學神學家蒂里希（P. Tillich, 1886-1965）對此曾分析說：

> 尼布爾喜歡稱這種基督教詭論爲：「不可能的可能性」。根據純邏輯意義來看，這是一種言詞的荒唐結合；而根據神學的內省來看，它可表達出眞正的、並且是唯一的基督教詭論。也就是說，神的自我昭明的原則、神之邏各斯已

---

❶ R. Niebuhr: *An Interpretation of Christian Ethics.* New York: Harper & Brothers, 1935, p. 118.

毫無限制地出現在這一單獨個人的生活中。它可表述這種
令人驚奇、無法預料的事實，即神人的永恆統一已在人極
端疏遠上帝的條件下出現了。「誇論」之術語不該用為一
種言詞上毫無意義的結合，而僅可應用於這一事實及其涵
義。「不可能的可能性」，不再是非理性的，而且，如果
加上隱蔽的副詞和形容詞，如果人們唸成「人不可能的神
的可能性」，那麼它就成為真正之誇論了。在這種並非反
理性的意義上，「誇論」這一術語僅應用於在存在條件下
本質上的神人關係之出現，也就是說，用於耶穌作為基督
的出現。❷

從其現實意義上考慮，尼布爾並不認為這種崇高之愛是某一
「在歷史上可以達到的」理想。不過，他仍堅信這種愛確是形成
人類歷史生活的一種強大而有決定意義的因素，它並不是與這一
世界之存在毫不相關的另一世界的雕像，而是「一種不可能的倫
理理想的關聯」，與「人類在每一可以想像水平上的道德經驗」
直接有關❸。它作為至高標準，能對人類的任何動機和行為加以
評判；所以，在上帝的愛面前，人們必須謙卑，承認自己的邪惡
和罪孽，在自我砥礪中去爭取無限接近這樣的愛。因此，所謂「
不可能的可能性」對人而言亦為「不確定的可能性」。
這種愛在現實中的意義還在於它一方面與「每一種道德渴望

---

❷ 參見 C.W. Kegley and R. W. Bretall (eds.): *Reinhold
Niebuhr: His Religious, Social and Political Thought.* p.
38.
❸ 同❶，頁103-135。

和成就」有機聯繫❹，使人們體認到上帝至善至愛的親在；另一方面它作爲社會批評的標準又可防止人們把其有限價值當成絕對價值。尼布爾根據這一標準而斷言，任何聲稱自己能在歷史中實現利他主義的世俗制度或宗教制度都是自我欺騙，沒有一種社會計畫和普教行爲能够眞正體現其徹底無私之愛。在他看來，現代正統神學和自由派神學的倫理主張都有問題。正統派的錯誤在於它否認基督教這種先知宗教的眞諦，卽否認「歷史存在與作爲這種存在之基礎和完成的超越存在之間的有機關係」；而自由派的錯誤則在於它與自然主義和世俗主義相同，企圖「通過降低宗教理想來證明其關聯性，卽將之混同於人們行爲中的謹愼規則，對此，當代人的常識和各個時代人們的經歷都早已詳加闡明❺」。誠然，至善和至愛不可能在現實人生中完全達到，但人生若能以此爲奮鬥目標，卻可達到相對的成就、獲得相對的善和愛；只要人們清楚意識到其存在及其成就的相對性，以至善至愛的標準來時時譴責自己、激勵自己、革新自己，那麼這種相對成就對於現實人生仍有著積極意義。正是基於這種考慮，尼布爾的政治哲學體系才得以確立。

1. 上帝之愛與人世之愛：

尼布爾把「愛」視爲生命的標準，認爲「愛」反映了人的靈性自由。他說：

愛旣是自由之靈的一種獨特的需要，也是由信心而生的。

---

❹ 同❶，頁105。
❺ 同❶，頁104。

愛爲自由之所必需，因爲人依照天然羣性所需的社會生活，並不光靠人的合羣本能而達成。因爲人具有自由與獨特性，所以他超越那使人與人維繫起來的社會關係與心智上的統一。只因人爲了各自的個性與超越性而彼此分開，所以不管天然的連繫如何把人類團結在一起，若他們不是維繫在愛裏面，則終不能兼顧天然的團結與靈性的自由這兩方面。只有在愛中，靈性與靈性才能相處於至性至情之中。因爲愛的關係，天然的團結有了改變，人不再從天然或理性的立場以別人爲供自己利用的對象。別人不只是一個對象，而是具有生命和獨到意旨的主體。**❻**

這樣，人與人之間通過眞誠之愛而由「我」與「它」的冷漠對立關係昇華爲「我」與「你」的親近平等關係。然而，這種理想境界之愛並不是人們在日常生活中司空見慣的「自愛」或「互愛」，它是一種自我犧牲、無私無己、毫無考慮算計之愛，它能達到徹底放棄自我的最高程度，而決無那種表現在「自愛」和「互愛」之中的自我考慮、權衡利弊諸動機，因此它代表著上帝的至愛。這種愛決不追求私利，而是充滿犧牲精神地和完全自發地追求眾人的完善。

愛卽意味著自我自覺自願地把自己奉獻給他爲之獻身的對象。由此可見，它是律法的完成，因爲在完美的愛中，一

---

❻ 尼布爾：《人的本性與命運》中譯本（謝秉德譯），香港，基督教輔僑出版社1959年，頁266。

切律法都被超越，而且，實際是甚麼與應該是甚麼在此已合爲一體。

　　所以說，「命令愛是一種自相矛盾，因爲愛不可能被命令或被要求。用我們的一切心胸、一切靈性和一切頭腦來愛上帝，乃意味著人類存在中的一切隔離都已被克服❼」。它作爲絕對標準之愛，是自覺的、無動機的、不求效果、不被命令的，否則，也就不成其爲「愛」本身了。正如康德所言，善表現爲自由意志，這種「善良意志」本身就是善，而不是從動機、後果來看是善的；如果講動機、講價錢、講效果，則沒有道德可言；善是本身「應當」如此，是絕對無條件的❽。

　　上帝之愛所表現出來的無限能力絕非個人自身之愛所達到的某種生氣勃勃的「流溢」，相反，它昭示了人作爲個體而存有的侷限性和非自足性，指明人必須服從那超越其自我本身的律法和生命中心。而人本性的律法乃是愛，「愛卽是那由服從他生命的神聖中心泉源而得到的生命與另一生命的和諧關係。一旦人以他自己爲生命中心和泉源，卽是破壞人性的定律❾」。不過，人世歷史和現實社會絕不可能達到這種盡善盡美之愛，所以，上帝之愛在人之歷史與社會中乃是以基督犧牲之愛的方式來表示，由此便產生了上帝之愛與人世之愛，卽犧牲之愛與互相之愛的區別和關聯。

　　在尼布爾看來，這種相關和不同實乃表明基督的完全與歷史

❼　同❶，頁209-210。
❽　參見康德：《道德形而上學探本》，商務印書館1957年，頁14。
❾　同❻，頁15。

的可能性，基督的啟示與人世對於歷史意義的各種認識有著三重
關係：「一、它彌補它們領略歷史意義之缺欠；二、它澄清一切
威脅歷史意義的妄見；三、它糾正人的自我主義從不正確立場而
對生命意義所構成的謬妄之見❿。」基督的完全，就在於他那
十字架上的犧牲之愛代表著高於人與歷史的超越之愛，而人憑其
天然秉賦和社會生活條件只能以互愛作為其道德常範。尼布爾指
出，犧牲之愛在如下三個方面超越了人類的互愛：

「一、犧牲的愛（Agape）完成了互愛（Eros）的缺欠，
因為互愛常使個人從自利的立場上去看人生關係，只求自己的幸
福而不顧及別人❶。」互愛在態度上是要求互相贈與和互相補充
的，但一個人在愛別人時若要不斷衡量他能產生多少互愛、得到
多少回報，顯然就未脫離其自身利益，也不會為別人捨棄自我。
這種考慮必然要阻擋自我那關切別人之心，所以互愛並非絕對之
愛，而不過是一種較聰明的「自愛」罷了。尼布爾認為：

> 實際上，自我應該愛自己和自我應該愛別人這兩種告誡，
> 在精神上都是顛弱無能的。一個毫無保障而且非常貧之的
> 自我不會靠要關心自己這種告誡而得到保障，因為過度地
> 關心自身安全正是它之所以貧之的原因。然而，它也不會
> 靠要愛別人這種告誡而得到保障，因為它對自身的焦慮正
> 好使它不再可能如此去做。就是出於這一原因，所以一種
> 見解深邃的宗教總是堅持自我不能靠律法，而只能靠恩典
> 來得拯救，所以那深奧莫測的基督教信仰形式才斷定人之

❿ 同❻，頁370-371。
❶ 同上。

主觀偏見不能被徹底根治，從而需要另有一種恩典，卽對之寬恕的恩典。❷

只有基督那種犧牲之愛才能完成自愛和互愛、克服其相對性和不完全性，

> 因爲純粹的愛心之不計較互惠乃是使人發揮新的友愛的力量。由此所生的互惠關係卻應該是不求而得的自然結果，而不當是開始時的預期結果。互惠是不可靠的，它不足以作爲鼓勵對人發揮友愛行動的動力。❸

質言之，二者的區別就在於「互愛互惠乃是生命與生命於自由範圍之中的一種和諧；犧牲的愛乃是靈魂超越有限歷史和罪性的限制而與上帝相處的一種和諧❹」。

「二、十字架代表超越性的完全，它澄清歷史的混淆，並說明了歷史發展中的可能限度❺。」人們在歷史中的混淆，卽以爲這種超越性的完全是一件簡單而可在歷史發展中實現的事。無論是各教派的藉恩典成聖說， 還是普及教育漸進論或激烈改革主張，「都一致相信可以將人類提高到使相互的愛和犧牲的愛不再有區別的境界❻」。尼布爾承認，這種世界大同的理想是對「上帝之國」極有意義的世俗看法，它憧憬著人能達到那毫無強制性的

❷ *Christianity and Society*, Spring, 1948, pp. 27-28.
❸ 同❻，頁372。
❹ 同❻，頁367。
❺ 同❻，頁373。
❻ 同❻，頁374。

互助互愛之境界。然而，這類人之「德性完成」論在實際上是不可能眞正實現的，

> 最深刻的基督教信仰也從不相信十字架的救恩能改變人類的本性，以致使人類漸次達到了普遍犧牲的愛，而這種犧牲的愛至終可以變成爲一種在一切社會作用上能夠完全保證其爲有效的互愛。⑰

犧牲之愛不會在歷史中完全成功，從這一意義而言，人們不應抱有對歷史的樂觀指望。

但是，尼布爾在此又勸誡基督教不要因追求彼岸意義而走向另一種極端。

> 旣然那夢想的完全是不可能的，所以堅持基督徒的一舉一動都必須與犧牲的愛相合，而不以歷史中維持生命與判斷各種利益衝突的互愛和相對的正義爲準則，也是不對的。⑱

在客觀世界中， 人與神的隔離並沒有被克服。 現實並非絕對完善、毫無瑕疵，因此在社會中眞正發揮作用的仍是那種實際存在的「互愛」關係。犧牲的愛作爲一種本質和標準，在世俗社會中只能有一種「指導」的意義。因爲人在現實中的策略及行動總會牽涉到別人，所以其對自己生命利益的犧牲往往不僅僅是「自我

---

⑰ 同❻，頁375。
⑱ 同上。

的犧牲」，而實際上也犧牲了別人的利益，卽給同處於複雜社會關係之網的鄰人帶來傷害。爲此，他對教會在現實政治中的某些靈活乃至妥協表示一定的理解和默認。

這裏，歷史中的可能限度就表現爲上帝之愛與互愛所具有的一種辯證關係。上帝之愛作爲愛之最後指導和評價的基礎，始終與互愛相關聯；它通過不斷把互愛引向更爲完美的兄弟情誼關係而完善了互愛。愛的形式實際是以不同的等級而存在於人類關係之中，在個人之間和集體之間表現出來。互愛需要上帝之愛爲泉源以便保持其互愛之態，「如果互愛不被那種並不考慮相互便利的恩典動力所不斷補充，其相互關係一開頭就會降爲對這種便利的冷靜考慮，並最終導致對一切實際關係中不可避免地缺乏那完全互惠而感到不滿[19]」。如果其「相互」性被當作任何行動的意圖和目的，它就根本不可能達到，因爲那種把「自我實現」作爲其結果的所謂「無私」決不會把自我實現作爲其自覺的目的，那考慮自身擴張的自我也不會完全從自身中擺脫出來以求達到其眞正的擴大。 由此可見， 若沒有上帝之愛那種徹底犧牲的精神， 互愛就會蛻變爲某種「旣不互相又不是愛」的東西。而一旦有了上帝之愛對互愛的挽救，互愛就不會僅僅基於實際互惠的考慮上，而將遠遠超過那種討價還價的立場，表現出對被愛者的忠誠和犧牲，放棄以自我爲核心。在這種互愛中，就會孕育出某種上帝之愛的基本因素。

「三、 十字架所代表的完全， 與歷史中的虛僞德行是相反

---

[19] R. Niebuhr: *Faith and History.* New York: Charles Scribner's Sons, 1949, p. 185.

的；它顯示了人的罪性自私與神的犧牲之愛的對立⑳。」尼布爾
承認絕對與相對、彼岸與此岸、永恆與現實、神愛與人愛彼此相
關，但堅決反對將二者相混淆和相等同。他為此強調說：「十字
架所象徵的生命意義是和那根據某一國家或文化來完成歷史意義
的概念相反的，它所象徵的最後的善也是和一切混雜著愛與自私
的人為的善相反的㉑。」從其本質來看，上帝的超然與世人的有
限乃鴻溝相隔，人在歷史上的任何真象都包含著罪性的混雜，人
的政治實踐及其對世界的改造都已充份證明了這一悲慘事實。基
於這種鮮明對比，尼布爾進而概述了其政治倫理的基本觀點：

第一，世人的倫理道德都是虛假偽善的。他認為，囿於時空
限制的自我之人本來無善可言，世上的一切善德都是人類的矯揉
造作。他曾斷言任何聲稱能在歷史中實現利他主義的世俗或宗教
制度都是自我欺騙，人類的任何社會計畫都不可能體現無私之
愛。由於人的罪惡本性，使人在道德上就表現出一種曖昧模糊，
含混不清。他說，

> 歷史中一切的善是不完全的，在一切歷史的成就中都摻雜
> 著邪惡敗壞，以及一切解釋人生意義的歷史制度都有缺
> 欠；若沒有那能夠摧毀罪惡且願將罪惡歸給自己的神之永
> 恆憐憫，這一切都是不完全的。㉒

人的善行不管達到何種程度，都不免有罪的敗壞包含在內。從個

㉒ 同❻，頁376。
㉑ 同上。
㉒ 同❻，頁492。

人來說，人往往把愛的法則變成對自己的愛，總是以自己爲中心來衡量、判斷世事和對人的關係。從團體而言，各個國家在與別國聯繫和保持和睦關係時，總是基於本國自私自利的立場而加以考慮的，人類的友愛程度再高也難免腐敗，就是人類道德行爲的最高成就，也仍然處於墮落和敗壞的嚴重危險中。

> 世上一切擴張互助之道的政治策略，都免不了有帝國主義的自私腐敗成分在內。每一社會都必由一權力中心組成；不問那中心是個人的、團體的、國際的、國家的，它本身乃是一個注重自己利益的偏私社會勢力，卻妄想以自己爲大公無私，可以調整別人的利益，以使各種社會勢力成爲平衡。

> 對於這些不同的政治制度與社會組織的自大的敗壞傾向，我們不可存過份的樂觀。對於這罪性的敗壞，十字架不斷地加以糾正，促人悔改。人類歷史卽使達到了最高的階層，仍不能消除了人類自私與神愛的對立情況，而達於純粹的善。㉓

　　第二，只有具備終極和超越意義的上帝的倫理觀，才唯一體現眞善和眞愛。他認爲，人與人之間愛心的交流從其原則上來看乃是不可能的，只有上帝才能最後實現眞正的愛；而人的罪只能使人陷於分裂和敵意之中。他勸人們不要爲其世俗的存在及成就

㉓ 同❻，頁376。

而自鳴得意， 要永遠想到上帝的至善至愛， 時時譴責自己的罪
過、 清洗自己的污穢。 他說， 基督的眞正盡善盡美， 就在於他
並未捲入任何世俗的權力衝突之中；因此，「上帝與人之間的相
通，……必須靠信仰和愛❷」。雖然人在社會中不能把上帝之愛的
法則充份發揮出來，但可把它視爲信徒採取行動的動機和標準，
以此來區分和認清眞正的罪惡是甚麼，評價所謂人類正義所取得
成就的相對性。在他看來，只有抱著這種上帝之愛的彼岸希望，
基督徒才能面對社會暴行和不義，做到旣不因失望而玩世不恭，
也不因自我清高而得意忘形，更不因幻想某種世俗計畫將永遠解
決人類問題而騙己欺人。

　　第三，人的本性之罪使人類社會善惡難定、好壞難分，在現
實中根本無所謂善惡之別可言、談不到任何是非標準。他強調，
在世俗社會中，個人無論多有遠見、多麼公平，但一旦處於人生
的罪惡競爭之中，就不能超脫各種利害關係；甚至在社會上看來
最完全的正義制度，也不過是各種競爭意志與利害衝突之中的均
衡關係。如果想要解決社會爭端，並非純粹從理性或道德上考慮
就可決定和辦到的，而只能根據對立雙方的勢力對比和懸殊程度
來相機行事。他認爲，歷史中奴隸制度和帝國主義的產生乃是由
於個人意志想控制別人的意志，「因爲人的利益彼此衝突，所以
人類的互助關係遭受摧殘❷」。旣然如此，

　　　　我們不能完全消除歷史上的極端利害衝突以避免戰爭；也
　　　不能完全消除那本來爲防止各種利害衝突而設立的權力之

❷ 同❷，頁21。
❷ 同❻，頁544。

濫用，……人類限於政治生活的道德矛盾中，無法滌除自
身的過惡與罪愆。㉖

據此，尼布爾深感人之現實社會政治中並無眞正的是非標準，「無
論什麼正義的成就都不能使我們完全滿意」，在社會生活中不可
能完全成聖㉗。爲了擺脫這種兩難處境，尼布爾不得不承認現實
政治中道德相對主義的存在意義。他認爲，雖然在世人中間無眞
正良善可言，但人們在現實生活和政治鬥爭中旣不能迴避矛盾、
也不可隨波逐流，因此至少要做到兩惡相權取其輕，在身不由己
之中也需主觀權衡選擇較小的惡，儘量只犯較小的罪，而在靈性
上則力爭從這種「腐敗文明」的束縛中解脫出來。

2.愛與正義:

旣然在實際人生中永遠不能達到上帝之愛的標準，尼布爾的
現實主義觀念便促其求助於與之相關，並且實際可行的「正義」
一類標準。

他認爲，正義是上帝之愛在現實社會中達到相對成就的具體
體現。正義雖不能與愛相等同，卻是社會秩序合適的標準，它乃
現實人生中愛的理想與權力事實之間的一種中和。因此，「爲正
義而奮鬥正如對眞理的追求，可以把歷史生存的種種可能與限制
深奧地顯示出來。在好些方面，它更富於啟示性，因爲對它的追
求比對眞理的追求更需竭盡人的精力才智㉘」。

㉖　同㉖，頁557。
㉗　同㉖，頁530。
㉘　同㉖，頁528。

尼布爾指出，愛與正義既不能混淆、也不能分割。正義沒有獨立的基礎，它本身並不是一個可以限定的整體，而不過是上帝之愛在社會結構中的相對體現，卽一種並不信任自身所持道德主張的愛之表達。但與上帝之愛相比，正義乃是相對的、歷史性的、有差別的和關心各種利益之間的平衡的，並無永恆、絕對之意。換言之，正義只是對愛的一種接近，體現出愛在世界上的相對完善。而這種正義卻是世人在社會中可以爭取、可以達到的。

所以說，愛與正義保持著一種辯證關係，二者在現實存在和需要中乃是相輔相成的。

若從愛的角度來看二者關係，則不難發現：首先，愛需要正義，因爲正義卽是愛在世界上開闢自己的道路。正義並不與愛相牴觸，而是愛在複雜的人類關係中的體現，它能保持愛在現實生活中的實踐、嘗試和推動。尼布爾把正義視爲愛在人類罪惡世界中的存在及活動，從而由其基督教的理想倫理觀發展爲一種極爲現實的政治倫理觀。其次，愛是對正義的否定，因爲歷史中所成就的一切正義都是相對的，而愛始終超越於正義之上。正義要權衡利弊得失、平息利益衝突，而愛卻從不考慮得失或算計相互報償。就正義本身而言，「歷史中所有正義的成就都有達到更圓滿的愛與弟兄之誼的無限可能；但正義的每一個新階層都包含著一些與完全的愛相矛盾的成分」，因而被愛所否定。這種認識及反省極爲重要，「倘若我們知道，那更高尚的正義之實現不只是含著對愛的理想之接近，也是含著對它的**否**定，則我們就可能達到更高度的正義㉙」。愛雖與正義關係密切，卻永遠高於正義，

㉙ 同❻，頁530。

「就愛之能吸引相互的愛以改變人與人的關係來說，它是寄寓乎
歷史之中的；就愛之不能要求相互的反應，否則便失去其超脫利
害關係之性質來說，它又是超乎歷史上的❸」。正義在社會歷史
過程中的變動不定和發展擴大並沒有突破其有限性，「在有罪的
塵世上，……沒有一種公義可被視爲最後的常規。那作爲實現公
義且否定公義較高德性之愛，往往是翱翔於各種公義體系之上的
❸」。因此，愛不僅爲「正義標準的根源」，而且是「發現正義
之局限性的那種終極觀察能力❸」。最後，愛還成全了正義，因
爲愛的標準使正義得到提高和昇華，具有更廣遠的前景。正義的
法則考慮到人之自私自利的實際，尋求在互相競爭的利益之間進
行平等分配，因而必須用愛來加以補充和完善、打破其互惠互利
的界限，使其永有生機、永保活力。尼布爾總結說：

> 所以愛確是任何道德制度的終極條件。它一方面實現，而
> 另一方面否定一切公義制度。公義制度之因愛而完全實
> 現，是因爲人生的義務在愛中較之在任何的公道制度中更
> 能充分達到。公義制度之因愛而被否定，是因爲愛能終止
> 一切人所斤斤計較的公道制度。愛並不斤斤計較人我的各
> 種需要，因爲爲了滿足別人的需要，愛並不顧慮到自己的
> 利益。❸

---

❸　同❻，頁530-531。
❸　同❻，頁276-277。
❸　同❶，頁140。
❸　同❻，頁285。

同理，若從正義的角度來看二者關係，則會明白，沒有愛的
正義已不成其爲正義。也就是說，愛乃是正義的「根據」、「淵
源」和「基礎❸」。尼布爾指出，「任何正義如果僅僅是正義而
已，那它不久就會退化爲某種不及正義的東西❸」。沒有愛的正
義不過是維繫一種權力之間的平衡。但若在愛的指導下，正義則
能對每個人的利益加以一定程度的限制，從而在社會事物中達到
一種比較和諧的關係。這種和平共處、相安無事的人際關係乃是
基於正義的規律和原則，

> 正義的 各種制度與 原則之所以能成 爲實現胞 與之懷的工
> 具，是在乎它們怎樣擴張人對人的責任心：一、由需要的
> 督促而感覺到的當前責任，擴張到特定的互助原則之繼續
> 責任；二、由我與人的簡單關係擴張到我與眾人的複雜關
> 係；三、從個人所能辨別的責任擴張到由社會的無私之見
> 所明定的各種更廣泛的責任。這些爲社會明定的責任是逐
> 漸由風俗與規律而演進的。它們都合著一些不爲己益的高
> 尚成分，是個人所不能達到的。❸

然而，這些正義的規則對於超越之愛既有著肯定的關係，也有著
否定的關係：

---

❸ 同❷，頁95。

❸ R. Niebuhr: *Moral Man and Immoral Society*. New York:
Charles Scribner's Sons, 1960, p. 258.

❸ 同❻，頁531-532。

它們在一方面是多少表現胞與之懷，在另一方面，它們常與胞與之懷的精神相矛盾。……因為人的自利的傾向，所以一切正義制度對社會上各分子的權益都加以小心分辨。這些藩籬正是正義精神的表徵。它們是防範自利之具，叫人不侵犯別人的利益。所以由正義的制度所達成的社會和諧，只是近乎愛的精神而已。㊲

正義因其世俗及歷史特性而與愛既保持一種辯證關係，又處於一種緊張度勢，二者憑其矛盾發展而在現實中共求生存。愛的標準總能使正義的制度提高到新的高度、得到更廣遠的前景，而正義則能保持愛具有實效、得以具體體現，並使愛與存在著的現實相聯繫，以避免不切實際的空想或純感情用事。

這樣看來，一切歷史中的正義觀是極其複雜的，它能夠駁翻那些主張不能獲致正義的有效原則的相對論者，也能夠駁翻那些認為可以免除一切私情偏利，而達於完全有效之原則的樂觀理性主義者。㊳

二、政治中的權力平衡

既然正義的實現和維繫要靠權衡人世間的各種勢力和利益，尼布爾因此承認在政治策略和行動中運用權力乃至採取高壓有著相對的合理性。這種立場使他與和平主義者分道揚鑣，徹底決

㊲ 同❻，頁534-535。
㊳ 同❻，頁537。

裂，並促成他積極支持美國投入反納粹的戰爭。他強調，正義的取得，並不是理性和道德的考慮及規勸所能解決的簡單問題，它往往是由估量各方勢力而決定的。因爲在這個罪惡世界中有著驕矜傲慢和爾虞我詐的頑固存在，所以求正義的鬥爭在社會上也必然會成爲力爭對權力更「公平」的分配，而不均衡的權力總是不可靠的權力，是產生不義的根源。

從這種考慮出發，尼布爾對傳統教會中流行的非暴力、非強迫的倫理說教加以批評指責，認爲求助於道德感情、講究善良和慈悲在現實中純屬自我欺騙，而且徒勞無益。所謂正義，其特點就在於它與現實世界和政治鬥爭息息相關，而達到「平等」已是正義理想的高峯。「以平等爲正義的最高理想乃是指示『愛』是正義的最後常範；因爲在罪的條件下，平等的公義和胞與之懷的愛心相近。更高的公義總是更平等的公義❸❾。」而要達到這種平等的正義，既要考慮理性和道德，也要使用權力和強迫。甚至在大多數情況下，正義必須依靠權力的競爭和平衡，只有付諸於這種政治手段才能得以實現，這種權力鬥爭在現實中絕對必要。所以，在現實社會中，「團體間的關係始終主要是政治的，而不是倫理的，……在政治關係中，與那種更爲純潔的道德和理性因素相區別的強迫因素，永遠也不會明確地得以區別和限定❹❿」。在現實政治中人們對權力及自利的各種利用、欺騙、約束和改變乃是鐵的事實，要想求得正義，就絕不能對之熟視無睹或自命清高。況且，有限之人深陷充滿罪惡和骯髒的現實社會而不能自拔，已不可能做到「出汙泥而不染」。

---

❸❾ 同❻，頁537。
❹❿ 同❸❺，頁 XXiii。

政治中的權力鬥爭和分配總是變動不居的，因此權力平衡的求取呈現出錯綜複雜的局面；人們要維護正義、保持穩態，也就必須考慮並處理好各種各樣的因素。

從社會結構來看，「沒有任何社會是由良心或理性所產生的單純結構。一切社會都是由人類的生機力量所構成的和諧，它的穩固與否是隨環境轉移的❹」。社會的具體結構乃一複雜的綜合體，包括法律制度和秩序、道德價值及觀念、各種生機與勢力等，而其和諧則由各方交互影響而達成。其中起著主要維繫作用的社會法制，乃是理性所造成的道德理想與現實社會中各種生機勢力之平衡二者間的妥協。

> 一方面是社會良心的工具，用以平抑社會中各種不同的勢力和利益，使社會不致於混亂，卻趨向於一種適當的和諧。另一方面，它仍不過是社會各種勢力所產生的妥協，好使種種衝突與權勢歸於平衡。❷

尼布爾認為，使自我不受別人控制、弱者不被強者奴役的有效方法，就是爭取這種社會勢力的平衡，「若非勢力平衡，無論什麼道德或社會制裁都不能完全阻擋人對人的不義與奴役❸」。而且，他還進一步提醒大家，這種權力平衡並非友愛，權力雙方因受對方的抑制和約束而彼此處於緊張對立的狀態，結果會造成公然或潛在的新衝突。「所以權力平衡的原則，就其阻止侵凌奴役

❹ 同❻，頁539。
❷ 同❻，頁538-539。
❸ 同❻，頁545。

而說，是一種公義的原則。然而它所造成的緊張若無法解決，它所造成的公然衝突就必成爲一種紊亂與衝突的原則❹。」然而，社會中完全的權力平衡是很難達到的，大多數利益衝突實際上是被較高權勢所和緩或平服的。如何認識及評價這種社會權勢的意義與作用，人們便從社會結構進入到其政治結構之中。

從政治結構來看，它涉及到社會的組織和政制。尼布爾把「權能平衡」和「權能組織」視爲社會生活的兩種要素或兩個原則，並指出二者在悠久的歷史發展中基本上保持不變。在其理想境界上，「政制的原則，或說社會活動的組織，是站在比權力平衡的原則更高的一個道德仲裁與社會制約的立場上。……而且政制較比權力平衡，是更有意要達到社會公義的❹」。因爲社會上如果光有權力平衡，而無道德和社會的制裁，必將流於紊亂無序；所以，也應有某種機構來對社會中的各種勢力加以控制，卽在社會活動之內形成一個組織的中心。當然，

> 這個中心必須超乎任何黨派利益的立場，以大公無私去判決衝突。它須管理互助的過程，使其中所含的緊張情勢不致發爲公然的衝突。若遇調解與仲裁的機構不足以應付需要時，它須以更高的權力強制執行。倘有不平衡的權勢造成社會的不公義，它則須調整平衡的機構，使權力不平之處歸於平衡。❹

❹ 同❻，頁545。
❹ 同❻，頁545。
❹ 同上。

因此，政制較之層次更高，它是屬乎歷史性的，而權勢平衡僅爲一種自然的趨向。

但令人遺憾的是，這種中樞的政制和權力之平衡一樣也可與友愛精神相違背。而且，在實際上，「社會中的組織原則與權能很容易變質，變爲虐政，造成社會的強制體，以危害各個別分子的自由與生機❹」。尼布爾舉例說，這種虐政正是：

> 藉維持社會「秩序」的名義摧殘社會分子的自由與活動，
> 且以自己的法規作爲秩序的原則，對一切反抗自己權威的
> 人加上反叛政府之罪，使他們處於道德上的不利地位。這
> 正是一切政府最易犯的偶像崇拜與僭妄之罪。一切政府與
> 統治者，不只憑藉政權爲工具來取得權力，而且亦憑藉政
> 府實際的和虛構的「尊嚴」取得權力。❹

這卽一種「宗教性」的「尊嚴感」。由此可見，那蘊存於國家權勢之中的暴虐危險乃是以權勢爲中心的政體所必然產生的現象，國家靠政權所達成的公義與和平因執政者本身的自私和過分運用權力而不免腐化、走向反面。

> 政府爲政治之本，它的政權在乎防制社會的混亂；然而
> 政府的權能不能視爲神權；政權的形成不免是偏私和有限
> 的，不能達到神權所具有的那種「善」與「能」的一貫。

---

❹ 同❻，頁539。
❹ 同❻，頁546。

政府若妄以爲它的權衡是盡美盡善的，那就是干預神的尊
嚴。這種干預在歷史上產生了兩種相反的結果：使人民有
了宗教式的順服，或有了怨憤的叛變。❹

　　在此，尼布爾進而闡述了民主正義在社會政治中的作用與意
義。人們之所以要求建立起民主和正義的秩序，乃是因爲他們已
深深感覺到政制和各種權勢平衡都缺乏道德的確定性，而其變化
無常、反反覆覆，也使人不再具有安全、穩定之感。正如奧古斯
丁所言，執政者的腐敗墮落使國家與盜賊團體之差別只是團體的
大小之別而已，那「基於競爭立場的」世上和平也只是各種競爭
勢力之間勉強的休戰而已❺。爲了確保持久的安全，只有爭取實
現民主的正義。

民主社會之最大成功在於它能夠在它的制度中包含著使人
民能抵抗政府的原則。人民因著憲法所賦予的權力，可以
拒絕政府的不法要求。人民之能拒抗政府而不使社會發生
混亂，是因爲人民對統治者的批評乃爲促進更良好的政
治，而非對政府的威脅。❺

這樣來看，社會的正義乃是恰好介乎暴政與無政府狀態之間，因
爲若以任何一方爲唯一的危險，就難免陷入另一種險境之中❺。

──────────

❹ 同❻，頁548。
❺ 同❻，頁549-550。
❺ 同❻，頁546-547。
❺ 同❻，頁539。

　　同樣，在國際關係上也會遇到社會政治組織的一切舊問題。然而，國際政治秩序的建立、理清正義與國際社會的關係已是迫在眉睫的需要。「今日舉世經濟生活的互相依賴已擴大了人類社會的義務與可能，使那維持國家的治安與公義的原則也可以應用於國際社會❸。」隨著科技的日新月異和信息時代的來臨，小小「地球村」上各族命運的共在和各種文化的共存已使人有目共睹，人類若不能消除國際社會中的紊亂無序，其文化也必將歸於毀壞。不過，這一新的偉業既給人類帶來新的可能，也會招致新的危險。一方面，國際秩序的確立和國際關係的維繫需要一種如聯合國之類的「世界政府」來協調或斡旋。而另一方面，這種世界政府很有可能被強國所領導，「在這種領導權中，即包含著帝國主義的危險成份❹」。尼布爾已清楚地意識到，國際政治的發展使世界政府非成立不可，而其危險成份並無一勞永逸的克服之法，人類共存的希望就在於如何把握好其平衡之「度」，它需要人們永遠警惕、不斷調整。他說：

　　　　克服這種危險的最好方法是以立法來保障一切的大小國
　　　家，以防制強國的過度要索。這就是說，法制上所規定的
　　　公義實含著勢力平衡的原則。可是，若對中樞機構集中權
　　　力的部署恐懼太甚，使中樞的權限削弱，則政治上的平衡
　　　又必一再墮為一種無組織的權力平衡，而一種無組織的權
　　　力平衡必潛伏著紊亂。❺

---

❸　同❻，頁557。
❹　同❻，頁558。
❺　同❻，頁558。

如同歷史發展的任何階段，生活在國際社會大氛圍之中的世人仍
由恐懼和希望相伴隨。 面對與人類生 活日益密切 的國際政治風
雲，尼布爾按其信仰的審視而始終持有其現實主義的冷靜態度；
爲此，他堅持：

> 國際社會的新組織旣不能以那些不相信國際關係能夠超越
> 權力平衡之原則的悲觀見解爲根據，也不能聽憑那些缺乏
> 理想的人憑藉威勢地去組織國際的機構，不問其獨斷和濫
> 用權力是否將產生不義；也更不可遵循理 想主義者的妄
> 想，以爲有了新的國際組織卽可將歷史上的一切煩惱問題
> 都解決了。㊻

正義在國際社會中的可能實現和維持就是要靠抓住機遇、因勢利
導、避免危險或將之減少到最小的程度，此外別無選擇和期盼。
　　當然，尼布爾深知政治哲學在社會及歷史現實中絕非空泛之
談，而有著極爲實在、具體的內容，它起著對人的政治實踐非常
重要的指導和把關作用。每一政治哲學家都有其理論考慮的社會
前提和歷史背景，尼布爾作爲一個廣有影響的美國政治哲學家自
然也不例外，他的許多立論都與其時代氛圍中的美國政治直接相
關，並在一定程度上爲之服務和辯解。
　　在國際地位的權衡上，尼布爾從分析美國歷史的發展入手，
指出美國曾在與歐洲和整個世界的關係中處於一種獨立和優越的
地位，它可作爲佳音天使而在各個犯有過失的國家中進行斡旋，

㊻ 同❻，頁558。

可在世界競爭中施加壓力而不最終捲入；然而，美國政治這種得
天獨厚的日子已一去不復返了，它現在已不再作爲旁觀者、仲裁
者，而是以參與者的身份直接捲入了世界歷史，並且已在世界政
治中處於舉足輕重的地位；因此，美國人過去的那種自鳴得意、
多愁善感、烏托邦夢以及地區主義應得到適當指導和調節。但是，
美國畢竟是一個年輕國家，美國人有一種使命感；早在拓荒時
代，美國人的邊疆概念就不是兩國之間的界線，而是文明與未開
化大地之間一條時刻都在移動的邊界。他說，美國十九世紀的歷
史，卽當美國人佔有這個處於大洋之間的陸地時，就已自然呈
現出美國將作爲一個世界大國的命運。對其深入剖析已揭示出，
「把一個年輕、健康國家的政治貪婪和野心隱藏在我們的使命感
所賦予我們的那種理想目的之後」，「這正是那種命定說思想的
意義所在，以它爲掩護，我們就獲得了我們在這個半球上的命
運❺❼」。不過今天已是全球政治的時代，因此，若要獲得美國在世
界中的權威則須注意：權威第一靠權力。因爲政治根本上不是某
種精神相會，而是利益之間的遭遇。他認爲，權力孕育了行使領
導權的責任感，權力始終是權威的基礎。權威其次還需要威信。
「如果威信不作爲一種權威的來源，權力……不可能自己長期維
持❺❽。」總之，在世界政治中強國的領導是不能排除的，但也必
須認識到強國的相對性及有限意義，防止由此產生出世界霸權的
種種危害。所以說，「新的世界必須倚靠那些『在沒有指望時，

---

❺❼ R. Niebuhr and A. Heimert: *A Nation So Conceived*. New
York: Charles Scribner's Sons, 1963, p. 128.

❺❽ 尼布爾：〈美國威信的來源〉，參見 *New Leader*, Jan. 31, 1958,
p. 7.

仍靠信心存著指望』的堅毅人物來建立；他們既非欲逃避歷史中的過失，也不要稱那損害他們的一切成功的邪惡爲善業⑤」。

在經濟關係的對比上，他承認美國經濟擴張的不可避免性。他說，「像我們這樣擁有巨大經濟力量的國家，必然要在對弱小國家的經濟滲透中表現自己⑥」。對此，他曾高度評價馬歇爾（G. C. Marshall, 1880-1959）計畫是爲美國贏得權威的那些富有創造的治國之才的創舉之一，並在這個計畫剛剛提出時就說它「是戰後歷史的一個轉折點⑥」。他本人早在1943年也曾提出一個類似的建議⑥。他認爲，在馬歇爾計畫中，「謹愼的自身利益以一種代表著國家最易達到的德性方式來與關心他人相統一⑥」。實際上，國家並不以純粹的慷慨大度來採取行動，否則會遭致各方的不滿，而提出馬歇爾計畫的決定因素就是堅信對歐洲的經濟援助會更進一步促進美國自身的政治和經濟利益。所以，在國際交往中不要期望甚麼感恩之舉，因爲受援之國清楚知道援助國是出於私利。他指出：

「歐洲復興方案」對於美國的健康和對於西方世界的復興

---

⑤ 同⑥，頁558。

⑥ 同⑤，頁132。

⑥ 參見 *Christianity and Crisis*, Aug. 4, 1947, Vol. 7, No. 14, p. 2.

⑥ 參見 G. Harland: *The Thought of Reinhold Niebuhr*. New York: Oxford University Press, 1960, p. 198. 其建議見〈我們對外政策的危險〉，刊於 *Christianity and Society*, Spring 1943, Vol. 8, No. 2, p. 20.

⑥ 引自 *Christianity and Society*, Spring 1951, Vol. 16, No. 2, p. 4. 參見〈馬歇爾計畫〉，*Christianity and Crisis*, Oct. 13, 1947, Vol. 7, No. 17, p. 2.

同樣必要。我們應當克制，不要爲此而做出過份的主張。
我們……不要期望從我們自認的受益者那兒得到感恩。感
恩是一種超越國家道德能力的恩典。在任何事情上，它也
不會像自以爲是的慷慨國家所想像的那樣受到報答。㉚

因此，控制歐洲經濟，擴大美國商品銷路，保持美國的全球優
勢，這些就是馬歇爾計畫的戰略意義。尼布爾還以中美交往爲例
來說明一切社會交往和經濟交流都以當事人的本身利益作爲考慮
問題的基點，覺得其間所表現的善、愛實乃虛僞之舉而不可靠。
他說：

愛是自由之律；但人不是完全自由的；人所有的自由是被
罪腐化了的。一切公義的制度都須考慮到自然與歷史的偶
有性及罪的實質。人既超越乎種族、國界、時間、空間之
上，那爲中國和爲美國所規定的公義制度，對中國的各個
人的利益就不能較之對美國人的利益少了一些。但要以愛
的完全聯繫爲標準，將中美兩國人的利益彼此聯繫起來，
叫中國或美國人擁護彼此的利益，如同自己的利益一樣並
不是一件簡單的事。人的思想是太有限了，他不能看別人
的利益如同自己的一樣清楚。㉕

鑒於人的自私狹隘，若能做到平等通商、互惠互利，就已建立了

㉚ 參見 *Christianity and Crisis*, Dec. 12, 1949, Vol. 9, No.
21, p. 162.

㉕ 同❻，頁286。

一種實屬不易的經濟關係和秩序。

在外交政策的考慮上，尼布爾一度支持美國政府二次世界大戰之後的「冷戰」政策，五〇年代初也曾強調在朝鮮打一場有限戰爭的必要。他指出，採取軍事手段本身就不完善，在亞洲尤其如此；但是承認其侷限性，決不等於忽略其必要性，這就是朝鮮戰爭及同類軍事行動的重大中心意義。不過，軍事力量仍須加上道德和政治智慧，因為國家問題並無最終解決的理想辦法[66]。據此，他從考慮美國利益及影響出發而反對其越南戰爭，認為「當缺乏某種道德和政治基礎時，軍事力量是無效的[67]」。談到中美關係時，尼布爾覺得當時美國政府的態度過於固執和很不現實，認為那些為美國拒絕承認中國、拒絕接納中國進聯合國進行辯護的種種理由是非常唐突的。他指出，承認中國本來可以促進中蘇利益的自然衝突，其矛盾的公開和激化勢必有利於美國從中得到某些好處，因此他很早就贊成在外交上承認中國[68]。這種老練、精心的利弊權衡和通盤考慮曾引起美國一些政治家及外交家的興趣和關注，有人對之評價說，「基督教現實主義通過闡明人的悲慘和偉大，可以作為外交家的教科書[69]」。當然，尼布爾也不斷提醒捲入政治漩渦之中的人們要慎用權力，在謀求均勢或平衡時儘量使權力服務於由愛所支配的目的，大可不必為其在政治上的

[66] 同[62]，頁199-202。
[67] 尼布爾:〈軍事力量的有限性〉，見 *New Leader*, May 30, 1955, p. 16.
[68] 同[62]，頁204-205, 以及 *The New Encyclopaedia Britannica*, 1985, Macropaedia, Vol. 13, p. 75.
[69] 湯普森:〈先知與政治〉，*Christianity and Crisis*, May 16, 1955, Vol. 15, No. 8, p. 61.

成功自鳴得意，卻應爲自己陷入塵世之罪而自責懺悔。

三、對戰爭與和平的態度

權力在政治中被人視爲實現其目的、確保其利益的必要手段。這種權力在其運用中往往表現爲不同的形式，有著不同的程度，而軍事力量則是團體或國家之間解決其政治問題的最後手段。在此，人們便面臨國際關係中戰爭與和平的選擇。

尼布爾指出，由於人世自私自利的普遍存在，因而也就有著對權力的普遍追逐；但與此同時又不得不承認的是，在錯綜複雜的現實社會中，權力對於實現正義等一些具有積極意義的價值理想也是必要而不可或缺的。道德的勸說誠然重要，卻遠遠不够。因此，強迫或高壓乃是人們社會存在及生活中的一種必然特徵。

從這種具有基督教信仰意義的現實主義政治哲學觀出發，尼布爾認爲一個成功的政治家同時也可以是一個好的基督徒。道德與政治並非現實生活中的兩極對立，政治領域中道德觀念的模稜兩可和曖昧不清也不一定就徹底排除掉其包含的道德內容。本來，政治生涯中的道德窘境不是在道德與政治之間，而是在政治與政治之間。

一旦涉足政治，就必然捲入其衝突之中。政治中憑藉權力之用來確立維繫社會所必需的「秩序」原則，實際上亦與人世「和平」密切相關；但這一秩序絕非在烏托邦夢想之中的完美社會上得以建立，而是基於有罪之人的存在及其歷史過程。因此，那種被人憧憬的「自由」、「平等」之超然標準，若無在現實生活中的衝突和妥協，實質上是根本不可能達到的。如果不從個人與社會的具體情況來考慮，所謂「自由」或「平等」之原則的絕對應

用只會將整個現實社會摧毀葬送，因爲「自由」的標準乃源自人作爲「上帝形象」之靈性人格時的本質自由，而「平等」的標準則根據「上帝之愛」這一超然標準。但在實際存在中，「平等」也的確體現了「愛與正義之間的最佳聯結⑩」。

由此可見，秩序與和平、自由與平等這些原則按其本質都是超然性和規範性的原則，而不是簡單的現實可能性。它們只是闡明人們若遵循其最高標準應該做些甚麼，但並沒有硬性規定其必須眞正做到。在現實生活中，人們只能根據具體歷史情況來對之加以靈活把握和隨時調整。所以說，這些原則在人世歷史上乃處於一種彼此對立、又相互協調的辯證關係：正義的原則與秩序的要求之間常常存在著矛盾對峙的緊張度勢；然而，沒有秩序則不可能實現正義，但要想保持秩序又往往需要那缺乏正義之感的強迫或高壓手段。同理，若沒有正義，秩序也不可能得以長久維持。在正義之觀念中已經蘊涵著自由與平等的緊張關係，爲了保持對方的存在，各自都應做出必要的妥協讓步。確切而言，現實中只有「相對的和平與相對的正義⑪」。

尼布爾的政治哲學在此明確著眼於政治行動和政策的目的及其帶來的後果，它尋求確定哪些行動和政策能有效獲得善制止住惡的最後平衡，並試圖對這種均衡之態進行「理智的算計」。他認爲，所應採取的行動和政策不是由其內在的本質特性來決定，而要根據它們可能會產生的後果去選擇，其立足點卽是對「可能

⑩ 尼布爾:〈新教社會倫理問題〉, *Union Seminary Quarterly Review 15*, Nov. 1959, p. 10.
⑪ R. Niebuhr: *Love and Justice*, (ed. D.B. Robertson), Cleveland: The World Publishing Co., Meredian Books, 1967, p. 267.

導致的後果」認眞考慮和突出強調。由於自利自慮之存在、社會
權力之必要，尤其是政治家對強迫手段之依賴等客觀因素，尼布
爾已充份意識到，現實政治行爲中只能够在一定限度內實現愛、
正義和秩序這類道德及社會標準；因此，他承認人們亦需要在道
德標準並不明確的情況下採取行動。人有時不得不兩惡相權取其
輕，甚至去冒會招致更大罪禍的危險。對此，人在主觀上僅能靠
因信稱義，卽按照信仰的意向去做些自認爲必要的事情。尼布爾
對戰爭與和平問題的表態，正是依據其對上述各種原則的通盤考
慮和實際分析。

1.暴力與非暴力:

　　人們對待戰爭與和平的態度首先就涉及到其對待暴力與非暴
力的態度。在社會和歷史行動中究竟應否採取暴力手段，應否對
邪惡和不義加以反抗，以及應該採用何種反抗方式，自古以來人
們對之就爭論不休、意見不一，各自有著極爲不同的看法。例
如，有的人主張根本不加反抗、決不使用暴力，有的人則主張非
暴力的反抗，卽以和平方式來抗爭，也有人主張進行有限程度的
暴力反抗，還有人乾脆主張毫無限制的暴力反抗。尼布爾從其現
實主義立場考慮而深感耶穌所要求的那種不抵抗乃是一種超然態
度，無條件的不抵抗在現實中是不可能的，而且，它作爲一種政
治選擇也是不負責任的。這裏，反抗與不反抗的態度之界是問題
的關鍵所在。而一旦決定對邪惡和不義採取反抗態度，那麼其反
抗方式的選擇則主要是從政治實用和實利的角度來考慮，卽根據
它們能否產生好的後果及效應來決定取捨。對此，尼布爾反對將
暴力與非暴力加以截然區分。他說:

　宗教激進派認爲在暴力與非暴力之間有本質區別乃是錯誤
的，其區別是在實用意義上而不是在本質意義上。這兩種
方法的社會後果是不同的，但其不同絕非種類的不同，而
爲程度上的不同。二者都會限制自由，也都有可能摧毀生
命及財產。強迫和反抗原則一旦作爲社會鬥爭和社會共存
之必要而被人接受，純粹的和平主義一旦被放棄，那麼暴
力與非暴力的區別儘管仍有其重要性存在，卻已失去其絕
對意義。❼

　無論採用暴力或非暴力的反抗形式，其道德問題卻是相同的。它
們都要關心其行動的後果，尤其是其對社會正義和秩序的影響。

　　但尼布爾也堅決反對毫無限制地使用暴力，不主張那種爲達
目的不擇手段、肆無忌憚失去理智的胡作非爲和歇斯底里。暴力
之用亦是基於理智的冷靜考慮，而絕非近乎獸性的瘋狂發洩。他
說：「如果我們要說暴力手段是恰當的話，那麼它所造成的恐怖
必須像外科醫師的手術技能那樣神速，其傷痕也必須很快就得以
平復❼。」使用暴力仍須注重其後果，暴力手段的目的即要使其
造成的損害和破壞減少到最低的程度，能使社會秩序與和平得到
最快的恢復。

2.戰爭意義之理解：

　針對歷史上和現實中有人以「正義戰爭」甚至「聖戰」爲口

❼ 尼布爾：〈和平或正義是其目標嗎？〉，*World Tomorrow* 15,
Sept. 21, 1932, p. 276-277.
❼ 同❸，頁220。

號來主張無限制使用暴力之現象，尼布爾規勸人們對「戰爭」本
身不要評價太高。縱然是消滅社會邪惡和不義的戰爭，也只是反
映了人的有限和相對，它充其量只能達到接近於正義之目的，而
與上帝所代表的「神聖」有著本質的差別。尼布爾極為強調二者
的區別，堅持正義戰爭也不過是一種「不夠標準的善」，而戰爭
所使用的手段及武器本身乃是令人「可怕的」而絕非「神聖的」。
一方面，戰爭的必要性並不能為其帶來神聖性，它本身即是有限
之人在罪惡世界之中兩惡相權取其輕而不得已的選擇。但另一方
面，人們也不能因為戰爭並沒有神聖性而乾脆放棄爭取正義的必
要戰爭。

> 取得這種純然的神聖性是不可能的，然而我們仍需要採取
> 行動。基督徒以一顆不安的良心來行動，既是因為其所求
> 目標之模糊，也是因為其所用武器之不潔。其良心只能靠
> 「因信稱義」方得平靜，而不是靠取得了神聖或更為糟糕
> 的自命神聖。❼

如果人們不主動承擔這種爭取正義的戰爭之責，實際上也就徹底
放棄了其建立正義秩序的任務與責任。

從尼布爾基於現實主義的人類學和社會學分析來看，戰爭機
構作為自我利益和求權意志的表述在人世不可避免。但這種總的
看法並沒有確定每一具體戰爭行為的正義性。在此，道德上的正
當理由是必需的而且也不能迴避。儘管尼布爾認為暴力與非暴力

---

❼ 尼布爾：〈正義或神聖?〉，*Christianity and Crisis.* 1, No.
19, Nov. 3, 1941, p. 1.

的區別只是程度不同而已，但他仍堅持國際之間的衝突用戰爭來
解決已是付諸於一種最後的手段。考慮到戰爭會帶來的惡果和破
壞，因此只能將戰爭作爲一種迫不得已的最後手段，並要盡量避
免使用這一手段。

尼布爾指出，人的道德感在戰爭行爲中是極爲複雜的。一個
民族或國家在投入戰爭時絕不會說這一戰爭本身並非道德，但爲
其民族國家利益又不得不戰，而往往是找出某些道德理由爲藉口
來掩飾其自利，爲其戰爭行爲辯護。但這種矯揉造作之表演本身
又說明人仍然存有道德感。在此意義上，可以說虛僞乃是惡呈獻
給善的貢物，它暴露出爲惡者的內心空虛和自知理虧。正因爲人
的道德本性仍然存在，所以民族或國家若想採取超出秩序、背離
和平之舉時總是要找出種種冠冕堂皇的理由，並且會藉用正義與
和平之名。其自然結果之一，就是在歷史上還出現了種種關於正
義戰爭的理論，如其標準、其限度或其方式等。人們對此常見的
有組織戰爭之機構或人物的權威性與合法性、批准戰爭行爲的法
律過程與手續、戰爭的正當理由或良好動機、光明磊落的公開宣
戰、力求速戰成功的策略運用、正當的自衛防禦或相應的報復行
爲、維持勢力均衡之態的措施等等。此外，人們對戰爭中所採
取的方式、所使用的武器亦有正當或非正義之規，如對某些殺傷
武器的限制，對使用化學武器、細菌武器和核武器的譴責等。尼
布爾對待戰爭的態度在一定程度上亦受到這些傳統觀念的影響。
例如，他認爲採取戰爭手段除了有合法的權威組織和手續之外，還
必須有正當的理由，否則就是非正義之舉。正是基於這種考慮，
他才爲美國參加第二次世界大戰和朝鮮戰爭辯護，而譴責其越南
戰爭。不過，他在此並不以進攻者和防衛者、率先使用武力者和

隨後應戰者之區分作為戰爭是否正義的標準。

　　對於實現和平、恢復秩序是否應該作為戰爭的目標或目的，尼布爾亦加以現實主義的分析。他認為，問題的核心乃在於這一「和平」或「秩序」是否「正義」，只有一種正義的和平與秩序才有可能持久；因此不能以為求和平之理由而不惜採用任何手段來加速戰爭的進程、使之盡早結束。和平的正義性使人們在戰爭中以及戰後所採用的行為手段都極為重要。尼布爾強調，上帝既要和平也要正義，這種道德命令使和平在正義的基礎上確立，並能防止和平在未來重被破壞和摧毀。

　　但是，尼布爾又不得不承認，既然人們採取了戰爭這一暴力手段，就不可能做到行動中的毫無過錯，也不能完全為避免誤傷無辜而瞻前顧後。正義戰爭亦是以惡抗惡，其中不免會有令人遺憾的惡行。儘管尼布爾批評那種不分青紅皂白的濫殺無辜，如在毀滅性轟炸中對非戰鬥人員和普通平民所造成的大規模殺傷等，但他在一定程度上又為之辯解說：

　　　　要打敗敵人又不導致無辜平民因此惡行而蒙難是不可能的。任何團體在反對團體邪惡的行動之際，都不可能避免將無辜者捲入此惡行之中。在歷史中的行動絕不可能不引起犯罪之感。既然轟炸已被發展成為戰爭中的一種工具，那麼，為推卸責任不去使用它而不會屈服於拒絕推卸此責任的敵人，就不再有其可能。㊄

　　㊄　尼布爾：〈對德國的轟炸〉，參見㉑，頁222。

因此，尼布爾認爲轟炸策略實乃一種「悲劇般的必要」，人們也不可能具有逃避這種狠心殘酷的歷史之必然的道德自由。其道德超越性僅僅在於人們對這一歷史必要的那種知罪而不自我稱義的懺悔態度。況且，此種必要乃是基於下述可能：在嚴酷的戰爭現實中，戰爭的一方若因道德顧忌而拒絕使用某種戰爭手段，就會招致自身的失敗和毀滅。從這種實際考慮出發，尼布爾雖不同意二次世界大戰中對德國的轟炸由準確的軍事目標轟炸陞級到不加選擇的狂轟濫炸，卻願意從其引起的戰爭結局和後果來加以具體分析和評議。爲了捍衛社會正義，他強調「我們是否應（向希特勒）宣戰這一問題因而首先是戰略的而不是道德的問題，因爲我認爲，我們必須採取一切手段來防止這個不能容忍的暴君取得勝利❼」。

3.核武器與核威懾：

隨著戰爭武器的發展和戰爭規模的陞級，尤其是美國在二次世界大戰後期對日本廣島、長崎兩城首次使用了原子彈，核武器、核衝突以及核威懾的問題遂成爲人們日益關注和極其重視的熱門話題。本來,若按照尼布爾對戰爭及其手段的上述看法,一切行動和手段都應從確保世界的正義與和平,從其可能造成的後果來考慮,那麼常規武器與核武器在道德意義上也並無本質區別,核武器本身在此亦沒有特別的邪惡可言。然而,由於核武器能造成空前嚴重的殺傷和帶來全球性的影響,所以勢必促成尼布爾對之持更加慎重、更爲冷靜的現實態度。

---

❼ 同❼，頁275。

在他看來，二次世界大戰之後許多國家都已發展出了各種規模的核武器，世界政治局勢更趨複雜和微妙，整個人類實際上已陷入「核武器的窘境」之中。核武器數量的增多及其殺傷範圍的擴大，使人類面臨著要麼共同生存、要麼一起毀滅的絕境，而靠使用武力或戰爭手段來解決國際政治衝突就有了更大的危險和更難預料的後果。這一難題會隨著核武器的不斷擴散而愈益棘手。誠然，破壞與毀滅並非人類創造所不可避免的後果，但核武器的出現的確已使人生時時面臨悲劇般的時刻和悲劇般的選擇。有時為了確定正義的秩序，會要冒打一場核戰爭的極大危險；而有時為了避免這種衝突及其陞級，又不得不犧牲一些為人珍視的價值或原則。

尼布爾認為這種「核武器的窘境」乃是人類發展的現實悲劇。由於深感人類已經很難找到理想的解決辦法來走出這一窘境，所以他在對待核戰爭的態度上發生了與其對待傳統常規戰爭之態度明顯不同的變化。同樣基於現實主義的立場，他在此已成為一位「反核戰爭的和平主義者」，堅持認為核武器在任何情況下的使用都是極為不幸、非常邪惡的。他之所以反對一切核戰爭，是因為核戰爭實際上必然超出任何求達均衡的目的，其嚴重後果會破壞一切道德考慮或道德勢態。因此，使用核武器無論在道德意義上還是肉體意義上都是一種集體「自殺」之舉。他感到人類文明已難以承受這種由全面核對抗、核戰爭所引起的巨大罪惡而繼續其健康生存。但值得指出的是，尼布爾這種對核戰爭之道德罪惡的認識，乃是基於其對核戰爭之必然後果的考慮和權衡，而不是認為使用常規武器要比使用核武器更加正義或合法。

然而，與其他反核戰爭的和平主義者不同，尼布爾根據核武

器已普遍存在這一現實情況而並不反對合法政府及國家在維持世界和平與正義時擁有核武器。他深深感到，如果在這一核威脅的時代主張單方面的核裁軍或銷毀核武器，既是不現實之態、也是不負責任之舉，甚至單方面宣稱絕不使用核武器也有可能帶來道義上難以接受和政治上難以預料的後果。這樣做乃是政治上的天眞幼稚，其結果只能帶來危險、損害和平與正義。因此，他認爲國家並無這種自命清高的權力和超然態度，但同時也不能推卸其擁有或使用核武器而引起的道德及政治責任。

在反對核戰爭這一原則和美國應擁有核武器這一前提下，尼布爾同意發展核武器。在他看來，如果不能徹底、全面地消除核武器，也只能用發展核武器來對付核威脅。但是，他主張美國政府應制定一項政策，卽以立約形式宣稱不首先使用核武器（如氫彈）來向全世界表明自己的公正立場或態度。他認爲這種措施可以使美國及其盟友減輕怕使用核武器而帶來的恐怖，限制國防部門對其過份依賴，並且使道德和政治權力能相對獨立於軍事權力的擺布。

核武器存在條件下對核戰爭的防止，卽一種核威懾局面的形成。按照尼布爾的看法，在公開承諾不首先使用核武器的同時，從內部來講對後發制人式的核打擊也應愼重考慮，總之，在道德意義上不能允許核武器的眞正使用，但與此同時又不能公開宣佈亦不使用它作爲第二次打擊的力量，因爲這樣做無疑是放棄抵抗，縱容對方的進攻或威脅。此外，他認爲在核威懾這種機制下，常規衝突會陞級到核衝突的危險已對戰爭之正義性本身加以前所未有的限制。在常規戰爭時代，戰爭的目的是強調正義，正義的要求加上秩序的要求就爲戰爭本身提供了合理性。但一切道德評

價都不能超越實際的歷史條件和政治背景，而是基於這種背景中
對各種原則的平衡考慮。儘管和平或秩序及其持久維繫依賴於正
義，儘管正義乃是其先決條件和基本要求，然而在有核戰爭危險
的當代，這種核武器帶來的窘境卻使秩序與和平的要求在很大程
度上要直接優先於正義的要求，因為在核衝突的時代已很難事先
斷定妥協或對抗究竟哪種為更好的選擇，而且人們對正義的標準
也不如對秩序的標準那樣易於達到統一。尼布爾雖不同意和平主
義者所提出的「原子武器具有的極度暴力已結束了正義戰爭之可
能」這種悲觀看法，但也不得不承認其可能性已大大減少、受到
了更多的限制。

　　從核威懾的功能來看，它能保持一種相對的和平或秩序。但
是，核威懾雖為眼前安全之保障，卻也是最終不安全的原因。接
受這種由核威懾構成的平衡即「恐怖之平衡」，是迫於國際政治
之現實，因而此乃一種相對意義的共存或「和平共處」，它本身
「決不是善而不過是兩惡之中的較輕者⑰」。這種冷酷的現狀使
尼布爾不敢奢望靠「聖戰」來建立人間的正義，而只求在核衝
突時代中力保和平與秩序的優先存在。他把「避免下地獄和核災
難」視為現實生活中高於一切的道德命令，只是在此前提下才進
而強調還應維護那殘存的正義和共同的善德。不過，尼布爾清楚
地看到，核威懾雖有其現實必要性，卻並不足以維繫人世間那相
對的和平及相對的正義。為此，他積極支持在政治領域和外交努
力中的核武器控制或限制活動、以及各種核裁軍談判，鼓勵政治

⑰　尼布爾:〈共存之狀〉, *The New Leader* 37, Oct. 4, 1954, p.
5.

家們在外交上要有勇氣和睿智來正視並駕馭那變幻不定的國際風雲。當然，尼布爾從其現實主義的深謀遠慮和其洞若觀火的超然審視上早已認識到，那人之歷史命運的終極解決遠遠超出了有限之人的能力範圍；所以，他在參與現實政治中仍始終強調，「基督教信仰的首要責任就是要在信仰的聖潔與政治的曖昧之間保持一定距離**⑱**」。

尼布爾的這些政治哲學理論及其社會實踐活動，既使他遭到教會內外一些人從不同角度的反對或批評，同時也使他在當代美國政治活動和公眾生活中引起了廣泛的注意，產生出重要的影響。在現代人看來，尼布爾的啟示告誡在政治領域中不僅是令人清醒的實用手冊，而且仍是充滿神秘的先知預言。

---

⑱ 尼布爾：〈基督教信仰與社會行為〉，*Christian Faith and Social Action*, (ed. John A. Hutchinson) New York: Charles Scribner's Sons, 1953, p. 229.

第六章　總　論

　　尼布爾的哲學體系按其本質乃是一種基於基督教思想文化傳統的宗教哲學，他以人生哲學、歷史哲學和政治哲學這三個層面來涉及人類時空的廣遠領域和眾多問題，其中既有對西方歷史傳統的回顧與審視，又有對世界當代政局的洞察與分析，間或也觸及對東方文化和智慧的理解與評說。這種探討使宗教哲學不再是一種思古之幽情或超然之冥想，而成為一種實用於現實人生的思想武器和檢驗社會行為的價值標尺。尼布爾的犀利見解使人雖覺得咄咄逼人卻又不願輕易迴避，總讓人有一種像是從人生痛苦中滋生而來的引起痙攣戰慄的甘美之感，從而切身體悟基督教那正視人生卻又看透一切的痛苦之極樂。他沒有樂觀主義的那種浪漫，但也不具悲觀主義的消沉。在西方思想傳統尤其是美國近代宗教思想發展上，尼布爾的獨到見解代表著對基要主義與現代主義神學論戰的揚棄和超越，亦標誌著宗教哲學在歷史範疇和政治領域的深化和創新。在對基督教思想傳統的改造運用上，他獨具匠心地使這種幾千年的靈性積澱有了強烈的現代意識和積極的參與作用，從而使之在一定程度上又得到了新生、增添了活力。可以說，尼布爾的理論體系代表著西方宗教哲學和基督教思想在當今世界後工業化社會中的一個引人注目的里程碑。綜上所述，尼布爾思想歷程的意義和影響大體包括如下幾個方面：

　　第一，他對「人是罪人」的分析闡述，揭示出西方文化傳統

中人在「罪感」認識和「愛感」追求之間的矛盾衝突及對立統一。其人生哲學體系雖是根據基督教傳統神學的「原罪論」，卻有著自己的理解和闡釋。他並不是從本體論上深究人之罪惡本質或其根源，而是從人世社會之動亂、衝突和戰爭這些「罪惡現象」中看到人的本性分裂及其異化，指出人之罪在於人的靈性自由所走入的誤區，是人想獲得自我超越及崇高偉大的適得其反。所謂原罪實乃人之心靈的詩謬和衝突，它導致人情不自禁地對其靈性自由、創造能力和道德情感的放縱濫用，因此並非人之本質在其存在結構上的必然習惡爲罪。而且，人在放任自流、失去自控之後也有可能追悔懊喪、痛苦自責，這說明人尚未從根本上走到罪大惡極、不可救藥的絕境。所以，尼布爾的人論既引起人的極大痛苦與嘆息，卻又讓人感到一線希望和生機。儘管尼布爾這一獨闢蹊徑的探奧洞幽受到此後興起的基督教歷史神學、希望神學和解放神學等思潮的非議和批駁，被其指責脫離了基督教及其《聖經》的傳統原則和歷史特性，卻使不少現代人對此傳統的「罪感文化」有了耳目一新、柳暗花明的認識和理解。此外，尼布爾對西方「罪感文化」和「拯救精神」的這種闡釋還可被視爲對東方「樂感文化」和「逍遙精神」意味深長的詢問和極爲有力的挑戰。

第二，他對實際人生中罪之不可避免的深入分析使人感受到一種務實主義者的清醒冷靜和老練豁達。他的理論絕非高潔雅士們的書齋清談或象牙寶塔之物，而具有同陷淪落、同求昇華的負罪感、沉重感和參與感。尼布爾對人之有限性和輭弱性的透徹體認，使他意識到罪與善的矛盾鬥爭是人之現實存在和歷史發展中不可分割的組成部分。因此，他拋棄了人在罪惡世界中能「潔身

自好」的空幻之念，而從最壞處著眼的實際之思來解釋人的社會
危機和精神危機，說明現存社會結構和政治制度，提出只具相對
意義但切實可行的改革和拯救方案。他認爲，自由和傲慢是人類
生活中「最基本」的特徵❶，人的社會存在不是以善爲基礎，而
是以惡爲條件，社會的眞實和諧是由於人因惡而相互制約才達到
的。基於人的實際「罪性」，他曾以影響西方現代政治思潮的幾
句名言來對民主制度加以闡述：

(1)民主的可能性與必要性都以人的本性爲根源，「人要求正
義的能力使民主成爲可能；但人趨於不義的傾向則使民主成爲必
要❷」。

(2)民主的任務永不會完結，「因爲民主是一種爲不能解決的
問題找到接近解決的方法❸」。

(3)這種必要和任務就形成了民主的結構， 如美國「三權分
立」和廢止終身任職等制度的確立，以防止個人濫用權力、釀成
災害，因此民主社會的政治原則本身就包括對政府機構及其最高
執政者的監督、制約和彈劾。

第三，他的理論探討離開了形而上學的思辨性和超越性，而
緊扣人的歷史背景與現實氛圍，給人以鮮明的時代感、個性感和
具體感。尼布爾不喜歡那種抽象晦澀的本體論研究，「他把本體
論理解爲這樣一種方法：它將創造、墮落、拯救和消亡之能動的

❶ 參見 Roger A. Johnson (ed.): *Critical Issues in Modern Religion.* Prentice-Hall, Inc., Englewood Cliffs, New Jersey, 1973, p. 191.
❷ R. Niebuhr: *The Children of Light and the Children of Darkness.* New York: Charles Scribner's Sons, 1944, p. XI.
❸ 同❷，頁118。

戲劇性歷史降至為被理性必然性所決定的一種固定的體系❹」。
但蒂里希認為，這是尼布爾對本體論研究的誤解。尼布爾以強調
「自我的戲劇」這樣一種「自我哲學」來與「存在哲學」相對立，
而蒂里希卻覺得二者之間並無必然的衝突，因為：

> 人們不能用談論「自我」的方式來逃避存在的問題。有一
> 中心自我之存在這種特殊類型同樣也是置於整個存在之中
> 的。而且，它與上帝的關係並非與另一自我的關係，而是
> 與每一自我之基礎及目的的關係。根據這兩種理由，那就
> 不可能根本避開本體論的問題。❺

迴避形而上學和本體論問題，雖然使尼布爾的理論有主體突出、
貼切實情之感，卻也難免主觀單薄、以偏概全之嫌。尼布爾不構
建嚴密哲理體系的習性使其說教隨遇而發，不拘形式，但也因而
讓一些人感到「它的語言充滿難以捉摸的神學味道；它的論證也
十分鬆散和囉嗦，令人難以忍受。為了自身的目的，它時常陷入
自相矛盾而且充滿神秘❻」。維護本體論的學者認為，這種偶發
性和隨感性往往會忽視或絲毫不知道，形上學和本體論的整體把
握及超越思考能給人一種宏大的氣魄和廣遠的視野，讓人在看到

---

❹ 參見 P. Tillich: *R. Niebuhr's Doctrine of Knowledge*，參
見 C.W. Kegley and R. W. Bretall (eds.)： *Reinhold
Niebuhr*: *His Religious, Social and Political Thought*.
New York: Macmillan, 1956, p. 39.

❺ 同❹，頁39-40。

❻ 參見威廉‧德雷 (William H. Dray)： 《歷史哲學》中譯本（
王煒、尚新建譯），三聯書店，1988，頁196。

自我與人世的微不足道之際，也有著那參與並融入宇宙整體的豪放暢快之感。哲學之思誠然不能脫離實際需求，卻仍應保持其靈性睿智那經虛涉曠、出神入化的意境。

第四，他強調理論研究在現實社會中的作用與意義。因此，其思想觀念是現實主義的，而其理論結構更是實用主義的。他強調人之自我的最後統一性和超越性問題已超出純科學的探究領域，所以哲學對人生之思有時不是基於某種體系框架和井然有序的透視掃描，而是求助於富有宗教意趣的靈性直觀和先知般的天才洞見。由此而論，傳統悠久的「先知啟示」和「先知宗教」有其永存意義和實用價值，這種信仰乃是一種不爲任何社會制度所限的洞察力和現實感的源泉，它的作用就是在烏托邦主義和失敗主義這一對孿生災難之間以一種辯證的、謙卑的心境來指導人們，最終相信上帝的審判、寬恕和恩典❼。尼布爾指出，「先知宗教」的本質，就在於以《聖經》的象徵性來解釋人生的戲劇，說明人既偉大又悲慘這種令人迷惑的矛盾現象❽；這種意義及其功能能使宗教在現今社會中不僅不會被消滅，反而能得以保持和發展，它的價值有著永恆性。另外，他又說，面對現代混亂和動盪，無論自然科學家和社會科學家都承認，他們從物理、生理、心理和社會上不能解釋人的眞正本性和人的確切未來，這使現代人感到恐慌和茫然，希望宗教能給現代社會指點出路。他爲此強調宗教哲學家和宗教信仰者必須有勇氣在現實社會中了解並宣揚上帝的本質和其審判與恩典的行動，辨明上帝的秩序；而其宗教

---

❼ 參見 *Christian Century*, No. 52, Jan. 30, 1935, pp. 138-140.

❽ 同❶，頁189-190。

組織機構在實際存在中的首要任務則是「解釋世界正經歷的悲哀
和慘狀、痛苦和創傷，並認識到在他們中有上帝的揷手❾」，從
而設法給世界轉達對其悲慘事實的解釋和尋找出路的恩典力量。
例如，基督教會就必須認識到自身的動亂和責任，以準備從上帝
那兒接受新生和眞正的統一，重新發現自己的神聖使命；這就是
上帝的計畫和上帝對現實動亂中教會與信徒的要求。此外，尼布
爾關於核武器與核戰爭問題的基本精神和思想主旨，也曾啟發人
們對現代戰爭和核威懾做既現實又長遠的考慮。甚至在當代關於
巡航導彈、戰略與戰術核武器之作用、星球大戰計畫和海灣危機
與戰爭等重大問題的分析及意見中，尼布爾政治哲學的現實格調
及其影響仍依稀可辨。從其總的趨勢來看，這種現實態度和實用
考慮在很大程度上已放棄了傳統靈性之思對待眞實人世的孤傲、
淡泊或冷漠之姿，從而得以積極滲入現代社會的各種政治、經濟
和文化機構以及人類豐富、複雜的歷史生活之中。在尼布爾那
兒，傳統的靈性之求與智慧之愛得到了實際之用，使各自都不斷
充實、有著新的發展和嬗變。當然，也有人提出警告，認爲過於
實際和僅求實用也會導致媚俗傾向，並因爲流於「淺顯」反而失
去其本有的精神魅力。這類異議和警告在許多方面也給風靡一時
的現實主義理論之繼續發展設定了某種限度。

　　總之，尼布爾以其靈性之思來干預政治現實、深入社會生活
的嘗試，爲當代西方宗教哲學的發展開闢了新的道路。他以其人
生哲學之基來建構其歷史哲學和政治哲學，並用宗教心理學和宗

---

❾ *Man's Disorder and God's Design,* The Amsterdam Assembly
Series. Vol. 3, New York: Harper & Brothers, 1948, p.
24.

教社會學來輔助其宗教哲學。其對人世社會之發展現狀的種種解釋，在很大程度上引起了西方思想家和政治家的關注與重視，而且對各階層人士剖析人生之謎亦提供了一種解釋和答案，因而在一定範圍內爲人領悟和接受。尼布爾神思體系的現實性和實用性，使他在講究務實的美國人中有著眾多的知音，形成廣泛的影響。尤其是他對人性和歷史之非樂觀而又不失望的適中看法，使他曾贏得「美國當代最傑出的神學家」之稱號。他的思想標誌著當代基督教神學現實主義的一種發展，也代表著西方當代宗教哲學家對本世紀兩次世界大戰和與之相隨的社會政治時局的一種極爲謹愼而又重要的反應。

年　表

1892年6月21日

　　萊因霍爾德·尼布爾生於美國密蘇里州芮特城。

1910年

　　從伊利諾斯州埃耳姆赫斯特學院畢業，入密蘇里州聖路易
斯伊登神學院。

1913年

　　轉入耶魯大學神學院。

1914年

　　獲耶魯大學神學學士學位。

1915年

　　獲耶魯大學文學碩士學位。

　　任底特律貝瑟爾福音教會牧師職務。

1927年

　　第一部著作《文明是否需要宗教》出版。

1928年

　　任紐約協和神學院宗教哲學副教授。

1929年

　　《一個馴化的犬儒主義者手記》出版。

1930年

獲伊登神學院神學博士學位。

任紐約協和神學院「道奇講座」應用基督教教授。

作爲美國社會黨候選人參加競選紐約市西區議會議員。

1931年

與凱佩爾—康普頓結婚。

1932年

《講求道德的人與無道德的社會》出版。

1933年

幫助被納粹黨解除教職的蒂里希來美國紐約協和神學院任教。

1934年

《時代末的沉思》出版。

1935年

參與創建基督教社會主義者團契，任其季刊《激進的宗教》主編。

《基督教倫理的闡釋》出版。

1937年

《悲劇的彼岸》出版。

1939年

應邀去英國愛登堡大學任季富得講座講師。

1940年

退出美國社會黨。

《基督教與強權政治》出版。

1941年

任雙週刊《基督教與危機》主編。

參與創建美國人爭取民主行動協會。

季富得講座講演稿《人的本性與命運》上卷《人的本性》
出版。

1943年

季富得講座講演稿《人的本性與命運》下卷《人的命運》
出版。

1944年

任紐約自由黨副主席；在美國總統大選中支持羅斯福及其
民主黨政府繼續執政。

《光明之子與黑暗之子》出版。

1946年

《辨認時代的徵兆》出版。

1947年

參加美國人爭取民主行動協會公開宣言活動；擔任美國流
亡專家安置運動主席。

1949年

《信仰與歷史》出版。

1952年

《美國歷史的冷嘲》出版。

1953年

《基督教現實主義與政治問題》出版。

1955年

《自我與歷史的戲劇》出版。

1958年

《虔誠與世俗的美國》和《世界危機與美國的責任》出版。

1959年

　　《應用基督教論文集》、《國家與帝國的結構》和《敬神的人與不敬神的人》出版。

1960年

　　從紐約協和神學院退休，享有其「查理・布雷格斯倫理學與神學榮譽教授」稱號。

1965年

　　《人的本性及其羣體》出版。

1968年

　　《信仰與政治》出版。

1971年 6 月 1 日

　　尼布爾在馬薩諸塞州斯托克布里奇逝世。

參考書目

一、尼布爾著述：

1. *Does Civilization Need Religion?*

   New York: Macmillan, 1927.

2. *Leaves from the Notebook of a Tamed Cynic.*

   Chicago: Willett, Clark, & Colby, 1929.

   Hamden, Conn.: Shoe String Press, 1956.

   New York: World (Meridian), 1957.

3. *The Contribution of Religion to Social Work.*

   New York: Columbia University Press, 1932.

   Oxford: Oxford University Press, 1932.

4. *Moral Man and Immoral Society.*

   New York: Charles Scribner's Sons, 1932, 1960.

   London: Student Christian Movement Press, 1963.

5. *Reflections on the End of an Era.*

   New York: Charles Scribner's Sons, 1934.

6. *An Interpretation of Christian Ethics.*

   New York: Harper & Brothers, 1935; World (Meridian), 1956.

   London: Student Christian Movement Press, 1936.

7. *Beyond Tragedy, Essays on the Christian Interpretation of History.*

   New York: Scribner's Sons, 1937, 1961.

   London: Nisbet & Co., 1938.

8.*Christianity and Power Politics.*

New York: Charles Scribner's Sons, 1940, 1952.

9.*The Nature and Destiny of Man: A Christian Interpretation.*

New York: Charles Scribner's Sons, 1941, 1943. Vol. I.
Human Nature. 1941. Vol. II. Human Destiny. 1943. One
Volume Edition, 1949.

London: Nisbet & Co., Vol. I. 1941, Vol. II. 1943.

10.*The Children of Light and the Children of Darkness: A
Vindication of Democracy and a Critique of Its Traditional
Defenders.*

New York: Charles Scribner's Sons, 1944, 1960.

London: Nisbet & Co., 1945.

11.*Discerning the Signs of the Times: Sermons for Today and
Tomorrow.*

New York: Charles Scribner's Sons, 1946.

12.*Faith and History: A Comparison of Christian and Modern
Views of History.*

New York: Charles Scribner's Sons, 1949.

13.*The Irony of American History.*

New York: Charles Scribner's Sons, 1952, 1962.

London: Nisbet & Co., 1952.

14.*Christian Realism and Political Problems.*

New York: Charles Scribner's Sons, 1953.

London: Faber & Faber, 1954.

15.*The Self and the Dramas of History.*

New York: Charles Scribner's Sons, 1955, 1958.

London: Faber & Faber, 1956.

16.*Our Moral and Spiritual Resources for International Cooperation.*

　Washington: Government Printing Office, 1956.

17.*Love and Justice: Selections from the Shorter Writings.*

　(ed. by D. B. Robertson)

　Philadelphia: Westminster Press, 1957.

18.*Pious and Secular America.*

　New York: Charles Scribner's Sons, 1958.

19.*The World Crisis and American Responsibility, Nine Essays.*

　New York: Association Press (Reflection Books), 1958.

20.*The Structure of Nations and Empires.*

　New York: Charles Scribner's Sons, 1959.

21.*Nations and Empires; Recurring Patterns in the Political Order.*

　London: Faber & Faber, 1960.

22.*Essays in Applied Christianity.*

　New York: World (Meridian), 1959.

23.*The Godly and the Ungodly: Essays on the Religious and Secular Dimensions of Modern Life.*

　London: Faber & Faber, 1959.

24.*Reinhold Niebuhr on Politics.* (ed. by Harry R. Davis and Robert C. Good)

　New York: Charles Scribner's Sons, 1960.

25.*A Nation So Conceived.* (with Alan Heimert)

　New York: Charles Scribner's Sons, 1963.

　London: Faber & Faber, 1964.

26.*Man's Nature and His Communities.*

New York: Charles Scribner's Sons, 1965.

27.*Faith and Politics: A Commentary on Religious, Social and Political Thought in a Technological Age.* (ed. by Ronald H. Stone)

New York: George Braziller, 1968.

二、尼布爾著述的中譯本:

1. 楊繽譯: 《個人道德與社會改造》(*Moral Man and Immoral Society*)

   上海, 青年協會書局, 1935年初版, 1948年再版。

2. 謝秉德譯:《人的本性與命運》(*The Nature and Destiny of Man*)

   香港, 基督教輔僑出版社, 1959年,《基督教歷代名著集成》, 第三部第八卷。

3. 楊眞譯: 《自我與歷史的戲劇》(*The Self and the Dramas of History*)

   第10至12章, 見中國社會科學院哲學研究所現代外國哲學組編:《當代美國資產階級哲學資料》(第二集),《第二次大戰後美國哲學論著選譯》, 北京, 商務印書館, 1978年, 頁 203-228。

三、研究尼布爾的著述:

1. Charles W. Kegley and Robert W. Bretall (eds.): *Reinhold Niebuhr: His Religious, Social and Political Thought.*
   New York: The Macmillan Co. , 1956.

2. Hans Hoffmann: *The Theology of Reinhold Niebuhr.*
   New York: Charles Scribner's, 1956.

3. Georgette Vignaux: *La theologie de L'histoire chez Reinhold*

Niebuhr.

Paris: Delachaux & Niestle S.A. 1956.

4. John E. Carnell: *The Theology of Reinhold Niebuhr.*
Grand Rapids, Mich., Eerdmans Publishing Co., 1960.

5. Gordon Harland: *The Thought of Reinhold Niebuhr.*
New York: Oxford University Press, 1960.

6. June Bingham: *Courage to Change: An Introduction to the Life and Thought of Reinhold Niebuhr.*
New York: Charles Scribner's, 1961.

7. Harold R. Landon (ed.): *Reinhold Niebuhr: A Prophetic Voice in Our Time.*
Greenwich, Conn,: The Seabury Press, 1962.

8. Leonhard Reinisch (ed.): *Theologians of Our Time.*
Indiana: The University of Notre Dame Press, 1964.

9. George L. Hunt (ed.): *Twelve Makers of Modern Protestant Thought.*
New York: Association Press, 1971.

10. James C. Livingston: *Modern Christian Thought: From the Enlightenment to Vatican II.*
New York: Macmillan Publishing Co., Inc.; Collier Macmillan Publishers, 1971.

11. Roger A Johnson (ed.): *Critical Issues in Modern Religion.*
Prentice-Hall, Inc., Englewood Cliffs, New Jersey, 1973.

12. Richard Wightman Fox: *Reinhold Niebuhr, A Biography.*
New York: Pantheon Books, 1985.

13. Richard Harries (ed.): *Reinhold Niebuhr and the Issues of Our Time.*

London & Oxford: Mowbray, 1986.

14. Dean G. Peerman and Martin E. Marty (eds.): *A Handbook of Christian Theologians.*
Enlarged Edition. Nashville: Abingdon Press, 1987.

四、其他著述:

1. Charles Reynolds Brown: *The Social Message of the Modern Pulpit.*
New York: Charles Scribner's, 1910.

2. Walter Rauschenbusch: *A Theology for the Social Gospel.*
New York: The Macmillan Company, 1917.

3. Christopher Dawson: *Progress and Religion: An Historical Enquiry.*
London and New York: Sheed & Ward, 1929.

4. Christopher Dawson: *Enquiries into Religion and Culture.*
London and New York: Sheed & Ward, 1933.

5. F. D. Roosevelt: *On Our Way.*
New York, 1934.

6. John C. Bennett: *Christian Realism.*
New York: Charles Scribner's Sons, 1947.

7. Man's Disorder and God's Design: *The Amsterdam Assembly Series.*
New York: Harper & Brothers Publishers, 1948.

8. Oswald Spengler: *Der Untergang des Abendlandes.*
München: Verlag C. H. Beck, 1959.

9. Donald B. Meyer: *The Protestant Search for Political Realism,* 1919-1941.

Los Angeles: University of California Press, 1960.

10. Herbert Hartwell: *The Theology of Karl Barth.*

Philadelphia: The Westminster Press, 1964.

11. Hans Jürgen Schultz (Hg.): *Tendenzen der Theologie im 20.*

Jahrhundert. Stuttgart, Berlin: Kreuz-Verlag, Olten und Freiburg im Breisgau: Walter-Verlag, 1966.

12. Paul Tillich: *A History of Christian Thought: From Its Judaic and Hellenistic Origins to Existentialism.*

New York: Simon and Schuster, 1967, 1968.

13. Sydney E. Ahlstrom (ed.): *Theology in America. The Major Protestant Voices from Puritanism to Neo-Orthodoxy.*

Indianapolis: The Bobbs-Merrill Company, Inc., 1967, 1976.

14. William R. Hutchison (ed.): *American Protestant Thought: The Liberal Era.*

New York: Harper & Row, 1968.

15. Karl Rahner (ed.): *Encyclopedia of Theology.*

London: Burns & Oates, 1975.

16. Robert T. Handy: *A History of the Churches in the United States and Canada.*

Oxford University Press, 1976.

17. C. T. McIntire: *God, History, and Historians, Modern Christian Views of History.*

New York: Oxford University Press, 1977.

18. Alan Richardson: *A Dictionary of Christian Theology.*

London: SCM Press Ltd., 1977.

19. Philip W. Goetz (ed.): *The New Encyclopaedia Brita-*

nnica, Macropaedia, Vol. 13.

Chicago, 1985.

20. Kurt Galling (Hg.): *Die Religion in Geschichte und Gegen-wart*, Bd. 4.

Tübingen: J. C. B. Mohr (Paul Siebeck), Ungekürzte Studien-ausgabe 1986.

21. Wilfried Härle und Harald Wagner (Hg.): *Theologenlexikon.*
München: Verlag C. H. Beck, 1987.

22. John Macquarrie: *Twentieth-Century Religious Thought.*
SCM Press Ltd.; Trowbridge, Wiltshire: Redwood Burn Ltd.,
Fourth edition 1988.

23. 康德: 《道德形而上學探本》
北京，商務印書館，1957。

24. 安德烈・莫魯瓦: 《美國史》上海人民出版社，1977。

25. 商務印書館編輯部編: 《 近代現代外國哲學社會科學人名資料匯編》
北京，商務印書館，1978。

26. 布蘭沙德: 《理性與分析》，見《 當代美國資產階級哲學資料 》（第一集）
北京，商務印書館，1978。

27. 叔本華著，石沖白譯: 《作為意志和表象的世界》
北京，商務印書館，1986。

28. 朱生豪譯: 《莎士比亞全集》（九）
北京，人民文學出版社，1986。

29. 湯因比著，曹未風等譯: 《歷史研究》（上、中、下）
上海人民出版社，1986。

30. 帕斯卡爾著，何兆武譯: 《思想錄》

北京，商務印書館，1987。

31. 威廉・德雷著，王煒、尙新建譯：《歷史哲學》

北京，三聯書店，1988。

32. 傅偉勳（主編）：《永恆與現實之間——當代宗教思想家》

臺北，正中書局，1991。

人名索引

四　畫

五　畫

六　畫

七　畫

名 詞 索 引

一　畫

二　畫

三　畫

四　畫

七　畫

十 一 畫

十 二 畫

十 三 畫

世界哲學家叢書 (七)

書　　　　名	作　　者	出 版 狀 況
洛　爾　斯	石　元　康	已　出　版
諾　錫　克	石　元　康	撰　稿　中
希　　　克	劉　若　韶	撰　稿　中
尼　布　爾	卓　新　平	已　出　版
馬　丁・布　伯	張　賢　勇	撰　稿　中
蒂　里　希	何　光　滬	撰　稿　中
德　日　進	陳　澤　民	撰　稿　中

世界哲學家叢書 (六)

書　　　　名	作　者	出 版 狀 況
皮　　亞　　杰	杜　麗　燕	撰　稿　中
馬　　利　　丹	楊　世　雄	撰　稿　中
馬　　賽　　爾	陸　達　誠	排　印　中
梅露・彭廸	岑　溢　成	撰　稿　中
德　　希　　達	張　正　平	撰　稿　中
呂　　格　　爾	沈　清　松	撰　稿　中
克　　羅　　齊	劉　綱　紀	撰　稿　中
懷　　德　　黑	陳　奎　德	撰　稿　中
玻　　　　爾	戈　　韋	已　出　版
卡　　納　　普	林　正　弘	撰　稿　中
卡　爾　巴　柏	莊　文　瑞	撰　稿　中
柯　　靈　　烏	陳　明　福	撰　稿　中
穆　　　　爾	楊　樹　同	撰　稿　中
維　根　斯　坦	范　光　棣	撰　稿　中
奧　　斯　　丁	劉　福　增	已　出　版
史　　陶　　生	謝　仲　明	撰　稿　中
赫　　　　爾	馮　耀　明	撰　稿　中
帕　爾　費　特	戴　　華	撰　稿　中
魯　　一　　士	黃　秀　璣	排　印　中
珀　　爾　　斯	朱　建　民	撰　稿　中
散　塔　雅　納	黃　秀　璣	撰　稿　中
詹　　姆　　斯	朱　建　民	撰　稿　中
杜　　　　威	李　常　井	撰　稿　中
史　賓　格　勒	商　戈　令	已　出　版
奎　　　　英	成　中　英	撰　稿　中

世界哲學家叢書 (五)

書　　　　名	作　　者	出 版 狀 況
盧　　　　　梭	江 金 太	撰　稿　中
孟 德 斯 鳩	侯 鴻 勛	撰　稿　中
康　　　　　德	關 子 尹	撰　稿　中
費　　希　　特	洪 漢 鼎	撰　稿　中
黑　格　　爾	徐 文 瑞	撰　稿　中
叔　本　　華	劉　　東	撰　稿　中
尼　　　　　采	胡 其 鼎	撰　稿　中
祁　　克　　果	陳 俊 輝	已　出　版
約 翰 彌 爾	張 明 貴	已　出　版
費　爾　巴　哈	周 文 彬	撰　稿　中
恩　格　　斯	金 隆 德	撰　稿　中
狄　爾　　泰	張 旺 山	已　出　版
韋　　　　　伯	陳 忠 信	撰　稿　中
卡　西　　勒	江 日 新	撰　稿　中
雅　斯　　培	黃　　藿	已　出　版
胡　塞　　爾	蔡 美 麗	已　出　版
馬克斯·謝勒	江 日 新	已　出　版
海　德　　格	項 退 結	已　出　版
高　達　　美	張 思 明	撰　稿　中
漢　娜　鄂　蘭	蔡 英 文	撰　稿　中
盧　　卡　　契	謝 勝 義	撰　稿　中
阿　多　爾　諾	章 國 鋒	撰　稿　中
哈　伯　馬　斯	李 英 明	已　出　版
馬　克　弗　森	許 國 賢	撰　稿　中
柏　格　　森	尚 建 新	撰　稿　中

世界哲學家叢書(四)

書　　　　　名	作　　者	出 版 狀 況
山　崎　闇　齋	岡　田　武　彥	已　出　版
三　宅　尙　齋	海老田輝巳	撰　稿　中
中　江　藤　樹	木　村　光　德	撰　稿　中
貝　原　益　軒	岡　田　武　彥	已　出　版
狄　生　徂　徠	劉　梅　琴	撰　稿　中
安　藤　昌　益	王　守　華	撰　稿　中
富　永　仲　基	陶　德　民	撰　稿　中
楠　本　端　山	岡　田　武　彥	已　出　版
吉　田　松　陰	山　口　宗　之	已　出　版
福　澤　諭　吉	卞　崇　道	撰　稿　中
西　田　幾　多　郎	廖　仁　義	撰　稿　中
柏　　拉　　圖	傅　佩　榮	撰　稿　中
亞　里　斯　多　德	曾　仰　如	已　出　版
聖　奧　古　斯　丁	黃　維　潤	撰　稿　中
伊　本・赫　勒　敦	馬　小　鶴	排　印　中
聖　多　瑪　斯	黃　美　貞	撰　稿　中
笛　　卡　　兒	孫　振　青	已　出　版
蒙　　　　田	郭　宏　安	撰　稿　中
斯　賓　諾　莎	洪　漢　鼎	已　出　版
萊　布　尼　茲	陳　修　齋	撰　稿　中
培　　　　根	余　麗　嫦	撰　稿　中
霍　　布　　斯	余　麗　嫦	撰　稿　中
洛　　　　克	謝　啟　武	撰　稿　中
巴　　克　　萊	蔡　信　安	已　出　版
休　　　　謨	李　瑞　全	撰　稿　中

世界哲學家叢書(三)

書　　　　　　　名	作　　者	出　版　狀　況
智　　　　　　　旭	熊　　　琬	撰　稿　中
章　太　炎	姜　義　華	已　出　版
熊　十　力	景　海　峰	已　出　版
梁　漱　溟	王　宗　昱	已　出　版
金　岳　霖	胡　　　軍	排　印　中
張　東　蓀	胡　偉　希	撰　稿　中
馮　友　蘭	殷　　　鼎	已　出　版
唐　君　毅	劉　國　強	撰　稿　中
賀　　　　　　　麟	張　學　智	已　出　版
龍　　　　　　　樹	萬　金　川	撰　稿　中
無　　　　　　　著	林　鎮　國	撰　稿　中
世　　　　　　　親	釋　依　昱	撰　稿　中
商　羯　羅	黃　心　川	撰　稿　中
泰　戈　爾	宮　　　靜	已　出　版
奧羅賓多‧高士	朱　明　忠	撰　稿　中
甘　　　　　　　地	馬　小　鶴	撰　稿　中
拉達克里希南	宮　　　靜	撰　稿　中
元　　　　　　　曉	李　箕　永	撰　稿　中
休　　　　　　　靜	金　煐　泰	撰　稿　中
知　　　　　　　訥	韓　基　斗	撰　稿　中
李　栗　谷	宋　錫　球	排　印　中
李　退　溪	尹　絲　淳	撰　稿　中
道　　　　　　　元	傅　偉　勳	撰　稿　中
伊　藤　仁　齋	田　原　剛	撰　稿　中
山　鹿　素　行	劉　梅　琴	已　出　版

世界哲學家叢書(二)

書　　　　名	作　　者	出　版　狀　況
朱　　舜　　水	李　甦　平	撰　稿　中
王　　船　　山	張　立　文	撰　稿　中
眞　　德　　秀	朱　榮　貴	撰　稿　中
劉　　蕺　　山	張　永　儁	撰　稿　中
黃　　宗　　羲	盧　建　榮	撰　稿　中
顧　　炎　　武	葛　榮　晉	撰　稿　中
顏　　　　元	楊　慧　傑	撰　稿　中
戴　　　　震	張　立　文	已　出　版
竺　　道　　生	陳　沛　然	已　出　版
眞　　　　諦	孫　富　支	撰　稿　中
慧　　　　遠	區　結　成	已　出　版
僧　　　　肇	李　潤　生	已　出　版
智　　　　顗	霍　韜　晦	撰　稿　中
吉　　　　藏	楊　惠　南	已　出　版
玄　　　　奘	馬　少　雄	撰　稿　中
法　　　　藏	方　立　天	已　出　版
惠　　　　能	楊　惠　南	撰　稿　中
澄　　　　觀	方　立　天	撰　稿　中
宗　　　　密	冉　雲　華	已　出　版
永　明　延　壽	冉　雲　華	撰　稿　中
湛　　　　然	賴　永　海	排　印　中
知　　　　禮	釋　慧　嶽	撰　稿　中
大　慧　宗　杲	林　義　正	撰　稿　中
袾　　　　宏	于　君　方	撰　稿　中
憨　山　德　清	江　燦　騰	撰　稿　中

世界哲學家叢書㈠

書　　　　名	作　者	出版狀況
孟　　　　子	黃　俊　傑	排　印　中
老　　　　子	劉　笑　敢	撰　稿　中
莊　　　　子	吳　光　明	已　出　版
墨　　　　子	王　讚　源	撰　稿　中
淮　南　子	李　　增	已　出　版
賈　　　　誼	沈　秋　雄	撰　稿　中
董　仲　舒	章　政　通	已　出　版
揚　　　　雄	陳　福　濱	撰　稿　中
王　　　　充	林　麗　雪	已　出　版
王　　　　弼	林　麗　眞	已　出　版
嵇　　　　康	莊　萬　壽	撰　稿　中
劉　　　　勰	劉　綱　紀	已　出　版
周　敦　頤	陳　郁　夫	已　出　版
邵　　　　雍	趙　玲　玲	撰　稿　中
張　　　　載	黃　秀　璣	已　出　版
李　　　　覯	謝　善　元	已　出　版
王　安　石	王　明　蓀	撰　稿　中
程顯、程頤	李　日　章	已　出　版
朱　　　　熹	陳　榮　捷	已　出　版
陸　象　山	曾　春　海	已　出　版
陳　白　沙	姜　允　明	撰　稿　中
王　廷　相	葛　榮　晉	已　出　版
王　陽　明	秦　家　懿	已　出　版
李　卓　吾	劉　季　倫	撰　稿　中
方　以　智	劉　君　燦	已　出　版